AF163063

Richard Liebreich

Atlas der Ophthalmoscopie

Richard Liebreich

Atlas der Ophthalmoscopie

ISBN/EAN: 9783743332898

Hergestellt in Europa, USA, Kanada, Australien, Japan

Cover: Foto ©ninafisch / pixelio.de

Manufactured and distributed by brebook publishing software
(www.brebook.com)

Richard Liebreich

Atlas der Ophthalmoscopie

DER

OPHTHALMOSCOPIE.

DARSTELLUNG DES AUGENGRUNDES

IM GESUNDEN UND KRANKHAFTEN ZUSTANDE

ENTHALTEND

12 TAFELN MIT 59 FIGUREN IN FARBENDRUCK.

NACH DER NATUR GEMALT UND ERLÄUTERT

VON

DR. RICHARD LIEBREICH.

DRITTE AUFLAGE.

BERLIN [illegible].
VERLAG VON AUGUST HIRSCHWALD.
[illegible]

Vorrede zur dritten Auflage.

Die Nothwendigkeit, eine neue Auflage des vollkommen vergriffenen Atlas der Ophthalmoscopie herauszugeben, tritt an mich zu einer Zeit heran, in der die Veränderung meiner Thätigkeit einen entscheidenden Einfluss auf den Plan üben muss, den ich dabei zu befolgen habe.

Den Riesenschritten, welche die Entwickelung der Ophthalmoscopie im ersten Decennium gemacht, war allerdings schon im zweiten und noch viel mehr im dritten Decennium ihres Bestehens eine fast an Stillstand grenzende Verlangsamung gefolgt. Nichtsdestoweniger wäre es im höchsten Grade wünschenswerth gewesen, wie bei der zweiten, so auch bei der dritten Auflage durch Hinzufügung neuer Abbildungen das Werk zu vervollständigen und auch im Text den neuesten Forschungen Rechnung zu tragen. Dies ist mir leider unmöglich gewesen, weil ich mich schon seit einiger Zeit von der klinischen Thätigkeit gänzlich und auch von der Privatpraxis fast vollkommen zurückgezogen.

Dagegen habe ich mich bemüht aus meiner gegenwärtigen Beschäftigung und aus den Resultaten meiner Untersuchungen über die Farbentechnik der alten Meister Vortheil für die chromolithographische Darstellung der Abbildungen zu ziehen.

Die für die beiden ersten Auflagen benutzten Steine waren als nicht weiter brauchbar abgeschliffen worden, ein Umstand, der zwar eine Erhöhung des für die 2. Auflage herabgesetzten Preises unvermeidlich machte, der dafür aber andererseits die Einführung von Verbesserungen des Farbendruckes wesentlich erleichterte. Ein Vergleich mit den früheren Auflagen zeigt als Resultat dieser Verbesserungen den Augengrund feuriger, Blutgefässe und Blutflecken durchsichtiger und naturgetreuer, das Schwarz tiefer etc.

Ein anderer Vortheil wird sich allerdings erst nach längerem Gebrauch der Exemplare herausstellen, es ist die grössere Dauerhaftigkeit. Bei einem Werk, dessen wesentlicher Zweck ein häufiges Durchblättern, hin und her Schieben der Abbildungen nothwendig macht, ist dieser Punkt zu berücksichtigen.

Ich habe nur noch den Wunsch auszusprechen, dass meine Leser es der Mühe werth finden möchten, diese materielle Dauerhaftigkeit der Tafeln wie die wissenschaftliche des ganzen Werkes möglichst auf die Probe zu stellen.

Paris, Mai 1885.

Dr. R. Liebreich.

Vorrede zur ersten Auflage.

Als im Jahre 1851 in Königsberg unser grosser Physiologe Helmholtz den Augenspiegel erfand, hatte ich das Glück, in Beziehung zu ihm zu stehen und so durch ihn selbst Kenntniss seiner Erfindung zu erhalten. Es wurde dies für mich bald darauf in Berlin Veranlassung zu der Bekanntschaft mit A. v. Graefe, der damals gerade die ersten Schritte auf seiner glänzenden Laufbahn that. Mit ihm und an seinem Material machte ich die ersten practischen Anwendungen von dem neuen Instrumente.

Bei der Unsicherheit, mit der man damals auf einem noch unbekannten, erst Schritt für Schritt zu erobernden Terrain herumtappte, stellte sich gleich das Bedürfniss heraus, das einmal Erfasste durch Abbildung zu fixiren. Es wurde dadurch der Vergleich mit später zu beobachtenden Fällen erleichtert, besonders aber noch das Resultat gelegentlicher Sectionsbefunde ergiebiger für die Deutung der ophthalmoscopischen Bilder.

Die ersten Abbildungen litten noch an den Fehlern der geringen Vergrösserung. Man untersuchte damals im umgekehrten Bilde nur bei schwacher Vergrösserung und benutzte selten zur Beurtheilung der Details das aufrechte Bild mit seinem engen Gesichtsfelde. Bald wurde mir jedoch klar, dass eine starke Vergrösserung des umgekehrten Bildes von grösster Wichtigkeit ist, andererseits gewisse Unterschiede in der Beleuchtung und in der Beobachtungsweise uns nöthigen, beide Untersuchungsmethoden gleichmässig zu cultiviren.

Seitdem konnte ich grössere Strecken des Augengrundes mit genauer Berücksichtigung der feinen Details abbilden und brachte im Verlauf der Jahre eine ziemlich grosse Sammlung solcher Zeichnungen zu Stande. Dieselben dienten mir bei meinen Vorlesungen und practischen Demonstrationen zur Erläuterung der beschriebenen oder vorgeführten Fälle und zur Ausfüllung von Lücken in dem gerade jedes Mal disponibeln Material.

Den schon lange von vielen Collegen an mich gerichteten Aufforderungen, diese Sammlung zu veröffentlichen, komme ich erst jetzt nach mehrjähriger Arbeit an derselben nach, weil ich einen gewissen Grad von Vollständigkeit und Abrundung des ganzen Werkes abwarten wollte.

Aus der sehr viel grösseren Zahl von Abbildungen, die ich angefertigt, sind die charakteristischsten ausgewählt und deren 57 auf 12 Tafeln zusammengedrängt, um bei einem verhältnissmässig geringen Kostenaufwande möglichst viel bieten zu können. Aus demselben Grunde habe ich die bisher übliche Kreisform der Abbildungen verlassen. In zwei Fällen ist man an dieselbe gebunden: entweder wenn man nur das mit einem Male zu übersehende Gesichtsfeld darstellt, oder wenn man den Augengrund in seiner ganzen Ausdehnung abbildet. Ersteres ist in einem Theil der bisher von Andern veröffentlichten Befunde wirklich der Fall; das letztere dagegen ist bis jetzt noch nicht geschehen. Tafel I. dieses Atlasses stellt zum ersten Male den Augengrund bis gegen die äusserste Peripherie dar. Diese Figur musste daher kreisrund bleiben. Bei den übrigen ist in beliebiger Form dasjenige Stück des Augengrundes herausgeschnitten, auf welches es gerade ankam, und dadurch z. B. auf Tafel XI. ermöglicht, vom Opticus 11 Abbildungen zu geben, während dagegen in Tafel IV. Fig. 1 und 2. Tafel IX. Fig. 1 weiter verbreitete Veränderungen des Augengrundes in einer grösseren Ausdehnung vorgeführt sind.

Dadurch, dass ich mich bei der Ausführung auf Stein selbst betheiligte, ist eine möglichst treue Nachbildung der Originale wesentlich erleichtert worden; die Originale selbst habe ich zur Vermeidung jeder Schematisirung oder Idealisirung genau nach der Natur aufgezeichnet.

Ich veröffentliche die Tafeln in der Hoffnung, dass sie für die Lehrer der Ophthalmoscopie zur Erleichterung der Demonstration und für diejenigen, die an einem kleinen Material sich selbst unterrichten wollen, zur Aushülfe in ihren Studien dienen werden. Ausserdem wünsche ich aber namentlich auch, dass sie denjenigen Aerzten willkommen sein möchten, die ohne ein specielleres Interesse für Ophthalmologie doch die mit Allgemeinleiden im Zusammenhange stehenden Erkrankungen der inneren Membranen des Auges kennen lernen wollen.

Daher ist der Text so eingerichtet, dass er zur Erklärung der Tafel zugleich kurz das Wesentlichste von dem zusammenstellt, was zum Verständniss des betreffenden Capitels der Ophthalmoscopie erforderlich. Dass er gleichzeitig in deutscher und französischer Sprache erscheint, geschieht mit dem Wunsche, es möchte die vorliegende Arbeit sowohl in der Heimath, die ich jetzt verlasse, als bei meinen neuen Collegen freundlich aufgenommen werden.

Paris, Januar 1863.

Vorrede zur zweiten Auflage.

Die günstige Aufnahme, welche das vorliegende Werk gefunden, würde mich schon unmittelbar, nachdem dasselbe vollständig vergriffen, zur Herausgabe einer zweiten Auflage bestimmt haben, wenn es nicht in meiner Absicht gelegen hätte, dieselbe um einige neue Abbildungen zu vermehren. Hiezu bedurfte ich aber einiger Zeit, um so mehr, als ich das Hinzuzufügende nicht dem Vorrath meiner übrigen Originale entnehmen, sondern neue Abbildungen, direct für diesen Zweck ausgewählter Fälle, anfertigen wollte. In der Wahl derselben habe ich mich nicht nur von dem bestimmen lassen, was sich in meiner eigenen Lehrthätigkeit als Bedürfniss herausgestellt, sondern auch die Meinung einer grossen Anzahl competenter Fachgenossen eingeholt.

Darstellungen von Chorioiditis disseminata, frischer Retinitis haemorrhagica, Neuritis optica (und zwar Stauungspapille), partieller Atrophie des Opticus nach retrobulbären Leiden des Sehnerven, Atrophie der Papille nach Retinitis, schienen besonders wünschenswerth zu sein, und entsprechende Fälle standen mir zu Gebot, während ich zum Zeichnen anderer Gegenstände, namentlich Tuberculose der Chorioidea und intraoculärer Tumoren leider nicht die geeignete Gelegenheit fand. Es hätten die neuen Abbildungen nun auf apart hinzuzufügende Tafeln gebracht werden können; das würde aber einerseits die Kosten des Werkes beträchtlich erhöht, andrerseits in die Anordnung des Ganzen nicht gepasst haben. Ich zog es daher vor, durch Weglassung der am wenigsten lehrreichen Abbildungen einiger Fälle, die zu vereinzelt dastehen, den nöthigen Raum für die Einreihung der neuen zu schaffen. So wurde eine sehr typische Darstellung von Chorioiditis disseminata, welche eines grossen Raumes bedurfte, an Stelle der Fig. 2 und 3 (Taf. VI.), die Retinitis haemorrhagica an Stelle der viel weniger nützlichen Fig. 3. (Taf. IX.) gesetzt; und dadurch, dass von Fig. 1. Taf. XI ein wenig abgeschnitten, Platz genug für 3 neue Abbildungen gewonnen, durch welche die Darstellung der Veränderungen an der Eintrittsstelle des Sehnerven auf der jetzt 14 Figuren enthaltenden Taf. XI. wesentlich vervollständigt ist.

Taf. I, der normale Augengrund bis zu den äussersten Grenzen des bei vollkommen erweiterter Pupille Sichtbaren, war unter allen Tafeln diejenige, bei welcher ich die grössten Schwierigkeiten zu überwinden gehabt; und trotzdem sie unter allen bisher bekannten ophthalmoscopischen und anatomischen Abbildungen in Beziehung auf ihre Vollständigkeit ganz allein dasteht, schien sie mir bei Weitem weniger beachtet worden zu sein, als die andern Tafeln. Ich erklärte mir dies einerseits daraus, dass sie nur in Schwarz dargestellt, und andererseits daraus, dass das Liniennetz dem ganzen Bilde einen schematischen Charakter gab, während es in der That ein eben so strenges Portrait ist wie alle übrigen Figuren des Atlas. Daher wurde jetzt die Theilung fortgelassen und Taf. I. in Farbendruck dargestellt. Die Vergrösserung ist dabei von einer zwölffachen auf die zehnfache reducirt. Obgleich ich im Allgemeinen der Ueberzeugung bin, dass ein Fortschritt in den ophthalmoscopischen Abbildungen gewiss nur durch Steigerung der Vergrösserung zu erzielen ist, habe ich in diesem Falle ausnahmsweise eine unbedeutende Verkleinerung zugelassen; einerseits, weil die 10fache Vergrösserung vor der 12fachen den Vorzug hat, um die Taxation der wirklichen

Grösse zu erleichtern (1 Centimeter der Zeichnung entspricht einem Millimeter wirklicher Grösse); andererseits, weil dadurch eine Aenderung im Format des Atlasses ermöglicht worden ist. Für die bequemere Handhabung ist, ausser durch diese Formveränderung, auch noch durch die Trennung des deutschen vom französischen Texte, sowie durch die Sonderung von Text und Tafeln gesorgt.

Endlich sind bedeutende Opfer nicht gescheut worden, um durch die Herabsetzung des Preises fast auf die Hälfte, das vorliegende Werk einem grössern Kreise der Studirenden und Aerzten zugänglich zu machen.

So hoffe ich, dass diese zweite Auflage demselben Wohlwollen begegnen werde, dessen die Erste sich zu erfreuen gehabt.

Paris, Februar 1870.

Dr. R. Liebreich.

Inhaltsverzeichniss.

Taf. XI. **Veränderungen an der Papilla nervi optici.**

Fig. 1, 7, 8, 9, 10. Tiefe glaukomatöse Sehnerven-Excavation.

Fig. 2, 11, 13, 14. Neuritis optica.

Fig. 3, 4, 5, 6, 12. Atrophie des Sehnerven.

Taf. XII. **Angeborene Anomalien.**

Fig. 1 und 2. Dunkel contourirte Nervenfasern.

Fig. 3. Pigmentirter Opticus bei sogenannter Cyanosis bulbi.

Fig. 4 und 5. Coloboma chorioideae et vaginae nervi optici.

Tab. I.

Der normale Augengrund

bis zu den äussersten Grenzen des bei vollkommen erweiterter Pupille Sichtbaren.

Linkes Auge, umgekehrtes Bild
(10fache Vergrösserung).

Die Eintrittsstelle des Opticus ist mit ihren verschiedenen Grenzen (der dunkel pigmentirten Chorioidealgrenze, dem schmalen hellen Bügel der Scleralgrenze und der sich mit einer feinen grauröthlichen Linie absetzenden eigentlichen Nervengrenze) im Centrum des Bildes dargestellt. Der runde dunkle Fleck links von ihr bezeichnet die Macula lutea, der helle Punkt in der Mitte derselben das Foramen centrale, und der Ring unmittelbar darum diejenige Parthie der Macula lutea, in der die gelbe Färbung der Netzhaut am Lebenden sichtbar, und die dadurch intensiver roth als die Umgebung erscheint.

Aus der Papille sieht man die Netzhautgefässe heraustreten, die Arterien durch ihren gelben Reflex, die Venen durch ihre dunklere Farbe kenntlich. Die Gefässe sind so weit nach der Peripherie hin verfolgt, als dies bei ad maximum erweiterter Pupille mit der grössten Anstrengung möglich war. Auf der inneren Netzhauthälfte sind sie sehr nahe bis an die Ora serrata heran gezeichnet; auf der äusseren Hälfte (der linken im Bilde) fehlt auch nur eine unbedeutende Strecke, so dass die Gefässe hier wohl ausführlicher dargestellt sind, als in den bisherigen anatomischen Abbildungen.

Da die Vergrösserung nicht bedeutender ist, als in den meisten gewöhnlichen Zeichnungen, so kann man aus der Grösse des Bildes sich leicht veranschaulichen, einen wie kleinen Theil des Augengrundes man bisher nur ophthalmoscopisch abgebildet, und es dürfte zweckmässig sein, dieses Bild zur Orientirung bei Beschreibungen und Zeichnungen zu benutzen.

In der ersten Auflage hatte ich diese Abbildung mit einem Netze versehen, von dem ich hoffte, dass es als Basis für die Ortsbestimmung bei Ophthalmoscopischen Abbildungen und Beschreibungen angenommen werden würde. Da dieser Vorschlag jedoch keinen Anklang gefunden, so habe ich, wenn auch mit Bedauern, jenes Netz in dieser Auflage fortgelassen. Die Vergrösserung ist auf eine 10fache reducirt, was die Bestimmung der Vergrösserung ophthalmoskopischer Bilder wesentlich erleichtern wird. Die der Hauptsache nach, besonders nach der Peripherie zu, immer in ganz analoger Weise verlaufenden Netzhautgefässe ermöglichen es, sich nach einer solchen Abbildung über die Grösse und Lage anderer Befunde und Darstellungen zu orientiren.

Tab. II.

Zum normalen Augengrunde.

Nachdem wir auf Taf. I. den normalen Augengrund in seiner ganzen Ausdehnung betrachtet, wenden wir uns hier zu den Einzelheiten, und zwar ist auf dieser Tafel namentlich den verschiedenen Färbungen des Grundes und der verschiedenen Form der Papille Rechnung getragen.

Das sehr complicirte enge Gefässnetz der Aderhaut ist eingebettet in ein pigmentirtes Stroma und ausserdem von einer einfachen Schicht pigmentirter Epithelialzellen bedeckt. Ist letztere sehr dunkel, dann verhüllt sie das dahinter Liegende vollständig, sind die Epithelialzellen dagegen nur schwach pigmentirt, so kann man die dahinter liegenden Chorioidealgefässe erkennen, und zwar bis in ihre feinsten Verzweigungen, falls auch das Stroma, in welchem sie liegen, schwach pigmentirt ist. Bei grösserer Dunkelheit desselben aber verhüllt es die feineren Aeste und bildet dunkle Zwischenräume in dem gröberen Netze der grossen Chorioidealgefässe.

Fig. 1 (von einem Individuum mit schwarzen Haaren und sehr dunkelbrauner Iris entnommen) zeigt eine äusserst dunkle Pigmentirung sowohl des Stroma's als des Epithels. Fig. 2 dagegen (von einem hellblonden Individuum mit blauer Iris) gestattet bei der Helligkeit des Stroma's und der noch schwächeren Pigmentirung des Epithels ein deutliches Erkennen der Chorioidealgefässe bis in ihre feinsten Verzweigungen. Es fallen in die Abbildung die Ausläufer von vier verschiedenen Vortices. In der linken untern Ecke des Bildes sind sie nahe bis an einen Stamm heran verfolgt, weniger weit in der rechten oberen Ecke; die beiden andern Ecken berühren nur die Grenzen je eines Vortex. In Fig. 3 ist die Pigmentirung des Stroma's äusserst dunkel, die des Epithels sehr schwach; es erscheinen daher die starken Chorioidealgefässe getrennt von einander durch dunkle Intervascularräume; nur in der rechten untern Ecke, nach dem hintern Pol zu, werden sie von dunklerem Epithel verhüllt.

In Fig. 4 u. 5 sehen wir bei hellem Stroma denjenigen mässigen Grad von Pigmentirung des Epithels, welcher besonders geeignet für die Beobachtung der Epithelialzellen ist. Dieselben treten schon bei der Vergrösserung, in der diese Abbildung gemacht, als feinste Pünktchen einzeln hervor, mit denen der ganze Grund gleichmässig bedeckt ist.

Die Mannigfaltigkeit in der Farbe, Zeichnung und Form der Oberfläche und Contour der Papille ist im Bereich des Normalen so gross, dass sie hier nur theilweise berücksichtigt werden konnte. Die Oberfläche zeigt in Fig. 1—2 ein kleines Grübchen (den hellen Fleck) im Centrum an der Austrittsstelle der Gefässe; in Fig. 3 eine kleine aber tiefe trichterförmige Excavation mit abgerundeten Rändern (in Form einer Convolvulus-Blüthe) nach rechts zu etwas schräger, nach links steiler abfallend; Fig. 4 centrale tiefe Excavation mit steilen Rändern.

Fig. 5 könnte man leicht wegen der sehr beträchtlichen Grösse und Tiefe der seitlich gelegenen Excavation für pathologisch halten, ist aber von einem durchaus normalen Auge genommen. Hervorzuheben ist hierbei, dass Fig. 5 durchaus nicht bei stärkerer Vergrösserung gezeichnet als Fig. 4, und dass es sich daher hier um eine scheinbare Vergrösserung des Sehnervenaustritts durch Auseinanderdrängen desselben handelt. Die sonst über den ganzen Kreis der Papille ausgebreitete

Nervenmasse ist hier auf den halbmondförmigen röthlichen Rand nach links hin verdrängt, was nur eine ungewöhnliche Steigerung des physiologischen Verhaltens ist. Im normalen Sehnerven verlaufen die Nervenfasern nämlich nicht in der Weise, wie dies gewöhnlich in den anatomischen Darstellungen angegeben wird. Sie vertheilen sich nicht vom Centrum ausgehend in radiärer Richtung gleichmässig nach allen Seiten, es nehmen vielmehr die in der äusseren Hälfte der Retina endenden Nervenfasern einen gebogenen Verlauf, indem sie zunächst fast senkrecht nach oben und unten ziehen. Hiervon rührt es her, dass der direct nach aussen vom Centrum gelegene Theil der Papille immer ärmer an Nervenfasern ist, daher etwas niedriger, meistens also flach excavirt erscheint und sogar unter physiologischen Bedingungen Veranlassung zu einer so grossen Excavation geben kann, wie sie in Fig. 5 dargestellt ist. Man sieht daher hier in einer so grossen Ausdehnung die Lamina cribrosa als ein weisses Netzwerk, dessen graue Maschenräume von den Quer-Schnitten der durchtretenden Nervenfaserbündel gebildet werden.

Nach der Seite der Excavation hin wird die Papille durch die äusserst scharf hervortretende eigentliche Nervengrenze (eine feine graue Linie) und die sehr verbreitete Scleralgrenze (einen weissen Bügel) eingefasst, von denen man in den andern Figuren nur schwache Andeutungen sieht.

An der Macula lutea, die nur in Fig. 1 und 2 dargestellt, zeichnet sich die Chorioidea durch ihre dunkle Pigmentirung aus, das Foramen centrale in Fig. 1 als helles Pünktchen, in Fig. 2 als kleiner heller Ring. Um dasselbe herum marquirt sich in Fig. 1 die Stelle der intensiven gelben Netzhautfärbung als rother Fleck. Der graulich weisse Belag in der Umgebung des Sehnerven und der Macula lutea deutet den Reflex an, mit dem sich die innerste Netzhaut-Schicht, namentlich bei so dunkeln Augen und am stärksten bei jugendlichen Individuen bemerkbar macht.

Tab. III.

Staphyloma posticum
(Sclerectasia posterior, Sclerotico chorioiditis posterior).

Bei der Ausbuchtung des hintern Abschnittes der Sclera, die durch Verlängerung der optischen Axe die hauptsächlichste Ursache der Kurzsichtigkeit wird, atrophirt die auseinandergezerrte Aderhaut in der Gegend des hintern Poles und namentlich unmittelbar am Sehnerven. Dadurch entsteht im ophthalmoscopischen Bilde eine helle Figur, die sich an den Sehnerven anschliesst, und in deren Bereich die weisse Sclera mehr oder weniger entblösst durchscheint, weil die sie sonst verdeckende Aderhaut äusserst verdünnt und ihres Pigmentgehaltes beraubt ist.

Je vollständiger dies der Fall ist, desto weisser erscheint die Parthie; meistens findet man jedoch auf der ganzen hellen Figur, oder einem Theile derselben, grauliche Fleckchen, Aderhautreste, die besonders durch ihre Form und Anordnung, wie in Fig. 4, sich deutlich als Intervascularräume charakterisiren, zwischen denen an Stelle der Chorioidealgefässe jetzt helle Lücken hindurchziehen; oder es gehen auch noch einzelne Aderhautgefässe namentlich über die peripherischen Theile wie in Fig. 1, 6 und 7 hinweg und erscheinen hier hell und scharf contourirt, während sie, in das normale Gewebe hinüberziehend, mehr verhüllt werden.

Die helle Figur hat Anfangs gewöhnlich die Form eines Bogens oder eines Halbmondes, der sich mit seinem concaven Rande an den Sehnerven anschliesst, wie in Fig. 3, oder ihn mehr umfasst, wie in Fig. 1; bei grösserer Ausdehnung aber werden die äussern Grenzen immer unregelmässiger, es bilden sich hervortretende Bogen mit dazwischen einspringenden Winkeln (Fig. 6 und 7). Dort sieht man ausserdem, wie bei so hohem Grade von Ectasie gewöhnlich, auch in der Nähe einzelne isolirte helle Stellen mit gleichen Gewebsveränderungen und einzelne intensiv schwarze Flecken, gebildet durch Gruppen von Chorioideal-Epithelzellen, deren Form verändert und die eine grössere Menge schwärzeren Pigmentes enthalten.

Derartige Veränderungen machen die Epithelial- sowohl, wie die Stroma-Zellen, namentlich an der Grenze der veränderten Parthie durch, und daher fehlen auch nur selten die wenigstens stellenweise dunkel pigmentirten Ränder, wie sie in allen Abbildungen dieser Tafel dargestellt sind.

Die helle Figur legt sich fast immer an die äussere Seite des Sehnerven an, und auch wenn sie ihn ganz umfasst, hat sie doch noch ihre grösste Ausdehnung nach dem hintern Pole des Bulbus zu. Sehr viel seltener liegt sie gerade nach unten oder schräge nach unten aussen, wie in Fig. 2 und 4 (auf dieser Tafel sind sämmtliche Abbildungen im umgekehrten Bilde gezeichnet); niemals sah ich sie sich gerade nach oben an den Sehnerven anschliessen.

Es hat die Richtung, in der sich die ectatische Parthie an den Sehnerven anschliesst, einen wesentlichen Einfluss auf die Form der Papille. Letztere erscheint nämlich bei Sclerectasie sehr häufig stark oval, besonders wenn sich die Ectasie vorwaltend oder ausschliesslich nach einer Seite hin anlegt (Fig. 2 bis 5), und zwar ist das Oval dann immer so gestellt, dass sein kleinerer Durchmesser die Richtung der Ectasie angiebt. So ist dieser kleinere Durchmesser senkrecht gestellt in Fig. 2, schräge in Fig. 4, horizontal in Fig. 3, 5 und 6.

Auf [illegible] beträchtliche [illegible] verändert werden häufig ihre Form; so [illegible] wir in Fig. 1 [illegible] flache Excavation der [illegible], in Fig. 3 eine tiefere partielle Excavation. Hier liegt nämlich nur der rechte röthliche [illegible] des Sehnerven in der normalen Ebene; die ganze weisse und bläuliche Parthie ist excavirt und geht sanft in die ectatische Sclera über, so dass die Grenze der Ectasie nicht an dem Rande des Sehnerven, sondern mitten in letzterem und zwar an der Stelle gelegen ist, wo die grösseren Gefässe heraustreten. Durch die schiefe Stellung der Oberfläche, ihre Neigung nach der Ectasie zu erscheint die Papille oft noch ovaler, als sie wirklich ist, weil man sie in der Verkürzung sieht.

Veränderungen in der Configuration der Netzhautgefässe zeigen sich hauptsächlich auf der ovalen Papille, wenn sie wie in Fig. 2 oder 4 gestellt ist. Ueber die ectatische Parthie hin verlaufen die Gefässe meist auffallend gestreckt, wie in Fig. 5, wo man auch die scheinbare Vermehrung von Netzhautgefässen sieht; diese ist dadurch bedingt, dass die feineren Aeste auf dem weissen Hintergrunde schärfer hervortreten.

Im Uebrigen sind die Netzhautgefässe nur in Fig. 4 etwas überfüllt, in den andern Fällen normal; dass sie soviel dünner erscheinen als auf den andern Tafeln, hat seinen Grund in der geringeren Vergrösserung, bei der sie gezeichnet sind. Bei der Untersuchung im umgekehrten Bilde erhält man ceteris paribus eine um so schwächere Vergrösserung, je kurzsichtiger die Individuen; daher müssen bei der Beurtheilung z. B. der Füllung der Gefässe etc. die beobachteten Objecte mit andern von bekannter Grösse, z. B. der Papille, in Vergleich gezogen werden.

Den Grad der Affection darf man nicht allein nach der Grösse der ophthalmoscopisch so scharf hervortretenden hellen Figur beurtheilen, man muss vielmehr die peripherisch von jener Figur und dem Sehnerven gelegenen Theile genauer in's Auge fassen.

Man findet nämlich bisweilen sehr ausgedehnte Staphylome, bei denen nichtsdestoweniger jener ganz helle Bügel nur einen geringen Durchmesser hat, um den herum aber noch eine ganze Zone gelegen ist, in deren Bereich die Choroidea sehr stark auseinandergezerrt und erheblich verdünnt, jedoch noch nicht so pigmentarm ist, dass sie die Sclera vollständig entblösst erscheinen lässt. Bisweilen hat diese zweite Zone eine ziemlich scharfe Grenze, die längs einiger bogenförmigen Choroidealgefässe verläuft, mit denen die Vortices gegen die Papille hin aufhören. Einen solchen Fall stellt Fig. 5 dar. Man sieht dort durch die helle Zone, welche die weisse Figur und den Sehnerven umgibt, einzelne Choroidealgefässe hindurchscheinen, die von einander durch ein pigmentarmes Stroma getrennt sind, während ausserhalb jener Zone die Intervascularräume durch Vermehrung des Stroma-Pigmentes als dunkelgraue Flecken schärfer hervortreten, als dies an den peripherischen Stellen des Augengrundes bei demselben Individuum der Fall ist. Da nun ausserdem das Epithel an denselben Stellen etwas schwach pigmentirt ist, so tritt hier das Netz der Choroidealgefässe ausserordentlich scharf gezeichnet hervor; auf der rechten Seite der Abbildung dagegen, nach der Macula lutea zu, ist das Stroma weniger, das Epithel aber verhältnissmässig stark pigmentirt und verhüllt das hinter ihm liegende Gewebe und seine Gefässe.

Sonst ist gerade die Gegend der Macula lutea sehr häufig bei hohen Graden von Sclerectasie der Sitz circumscripter Veränderungen: bald sieht man umschriebene atrophische Stellen als helle rundliche Flecken, bald sieht das Gewebe wie gekörnt aus; bisweilen zeigen sich dort Exsudat-plaques an der Innenfläche der Aderhaut, wie in Fig. 1, wo der bläuliche Fleck mit grauem Rande solch ein etwas erhabenes Exsudat darstellt. Es verursachte dieses durch Druck auf die vorliegende Netzhaut, von welchem der Zustand an dem darüberlaufenden Gefässe Zeugniss ablegt, beträchtliche Amblyopie. Auch Extravasate, wie in Fig. 6, finden sich hier bisweilen.

Tab. IV.

Chorioideal-Krankheiten.

Fig. 1. Chorioiditis disseminata.

Die kleinen hellen Flecken in der Nähe des Sehnerven sind von Exsudatknötchen gebildet, welche das Gewebe selbst durchsetzen und sehr stark reflectirend, wie durchleuchtetes Milchglas, erscheinen. Nachdem aus solchen Stellen das Exsudat verschwunden, bleiben Flecken zurück, an denen man noch Reste des seines Pigmentinhaltes zum grössten Theil beraubten Gewebes erkennt.

Gruppen solcher Fleckchen, wie in dem obern Theile der Abbildung, befanden sich auf entsprechenden peripherischen Parthien des Augengrundes auch nach den andern Richtungen zu.

Der grosse zackige weisse Fleck stellt eine Exsudatschwarte an der Innenfläche der Aderhaut dar. Die schwarzen Figuren sind von vergrösserten Epithelialzellen, mit dunklerem Inhalt, gebildet. Es ist eine Eigenthümlichkeit der Chorioidea, deren wir schon in der Erklärung zur vorhergehenden Tafel erwähnen mussten, dass sich in ihr die nächste Umgebung circumscripter, atrophischer Stellen fast immer durch eine stärkere Pigmentirung auszeichnet, sei es dass die Atrophie allmählich oder plötzlich, durch Zerrung oder nach vorhergegangener Exsudation oder Extravasation entstanden ist. Sämmtliche Abbildungen dieser wie der vorhergehenden Tafel legen Zeugniss von dieser Eigenthümlichkeit ab. (Vergl. Taf. VI. Fig. 2).

Fig. 2. Chorioiditis disseminata syphilitica mit secundärer Atrophie der Retina und des Opticus.

Wenn die syphilitische Chorioiditis auch in allen verschiedenen disseminirten Formen auftritt, so dass keine derselben unbedingt charakteristisch für Lues ist, so zeigt sie sich doch am häufigsten in einem Bilde, wie es der vorliegende Fall lieferte, unter der Form also der klein-fleckigen disseminirten Chorioiditis, bei der die kleinen Infiltrate, dicht gruppirt, nach ihrem Verschwinden sehr tief eingehende Gewebeveränderungen zurücklassen; die kleinen hellweissen, dunkel begrenzten Fleckchen setzen sich dadurch einzeln scharf ab, ohne Neigung zum Zusammenfliessen, so dass sie selbst dann noch sehr markirt hervortreten, wenn auch die übrige Chorioidea im Allgemeinen ein atrophisches Aussehen bekommt, wie dies in Fig. 3. dargestellt ist. Die Chorioidealgefässe, die selbst in den links oben sichtbaren Stämmen ein unverhältnissmässig kleines Lumen zeigen, treten hier, in einer der Pigmentirung des Individuums und des übrigen Augengrundes nicht entsprechenden Weise, schärfer gezeichnet hervor.

Noch sehr viel ausgeprägter und in einem wohl nur selten zur Beobachtung kommenden Grade zeigte sich die Atrophie der Retina und des Opticus-Eintrittes. Auf der durch Färbung und Contourirung als atrophisch charakterisirten Papille konnten nämlich, auch bei sehr viel stärkerer Vergrösserung, nur jene beiden kleinen Spuren von Netzhautgefässen herausgefunden werden, und auf dem ganzen Augengrunde war sonst kein Zeichen wahrzunehmen, durch welches die offenbar äusserst verdünnte Retina ihre Gegenwart verrathen hätte.

Wenn gleich häufig ein gewisser Grad von Atrophie der Retina bei verschiedenen Formen von Chorioiditis durch Verklebung zwischen der Aderhaut und Netzhaut, sowie durch Pigmentinfiltration bedingt wird, so muss in diesem Falle selbstverständlich ein vorhergegangenes ausgedehntes Netzhautleiden angenommen werden, welches die so vollständige Atrophie zur Folge hatte; wahrscheinlich ist es eine Retinitis syphilitica gewesen. Doch muss ich hervorheben, dass bei der Atrophie, die dieser Entzündung folgt, sich sonst gewöhnlich die bindegewebige Degeneration durch ein trübes, streifiges Aussehen der Papille und Retina charakterisirt (siehe Taf. XI. Fig 3), welches in dem vorliegenden Falle ganz fehlte. Etwas Sicheres lässt sich nicht darüber sagen, da die Patientin erst nach Ablauf des Processes in Berlin eintraf.

Anm. Die kleinen Fleckchen nehmen eine ganze Zone ein, von der nur ein Stück in den Bereich der Abbildung hineinfiel, die man sich daher in derselben Distanz vom Centrum nach allen Seiten hin vervollständigt denken kann.

Fig. 3 In der Resorption begriffenes Chorioidealextravasat, nahe bei der Macula lutea gelegen.

Das ausgetretene Blut hatte früher die Aderhaut im Bereich des ganzen jetzt hellen Fleckes durchtränkt; während der schmale rothe Bogen noch den Rest des Extravasats bezeichnet, erkennt man schon an den freigewordenen Stellen das Verschwinden des Stromapigmentes. Gegen die dadurch gebildete helle Stelle setzt sich die gesunde Parthie durch einen dunkler pigmentirten Rand ab.

Fig. 4 Residuum eines circumscripten Entzündungsherdes der Aderhaut, nach der innern Seite vom Sehnerven gelegen.

Wahrscheinlich in Folge eines Trauma's entstanden. Die Aderhaut ist innerhalb des hellen Fleckes nicht ganz vollständig atrophirt, wofür die herüberziehenden, freilich sehr verdünnten Chorioidealgefässe und die Reste des Gewebes als Beleg dienen. Das marmorirte Aussehen rührt theils von den Chorioidealstroma-Resten her, theils ist es für die Innenfläche der Sclera charakteristisch.

Die stärkere Pigmentirung am Rande, soweit sie durch intensiv schwarze feinste Pünktchen dargestellt ist, hängt von den ganz mit derselben Schärfe einzeln hervortretenden Epithelialzellen, die darunter liegende, namentlich neben dem Sehnerven bemerkbare, dunkelgraue Färbung von den Stromazellen ab.

Fig. 5. Chorioidealexsudat in der Gegend der Macula lutea mit sagenähnlicher Veränderung der darüber verlaufenden Netzhautgefässe.

In einem Falle von Chorioiditis mit Pigmentinfiltration, die sich über einen ziemlich scharf begrenzten Theil der äussern Hälfte des Augengrundes erstreckte, zeigte sich in der Gegend des hintern Poles das leicht prominente Exsudat, welches nach einer energischen mercuriellen Behandlung zum grössten Theile schwand und dann darunter befindliche Pigmentflecken zum Vorschein kommen liess. Die Ueberfüllung in den darüber hinwegziehenden Netzhautvenen bestand aber noch fast ganz so wie in der Abbildung. Die ungewöhnliche Form des sonst bei dieser Vergrösserung nur einen [illegible] des Blutes eine Anzahl für gewöhnlich unsichtbarer feinster Verzweigungen hinreichend ausgedehnt ist, um auf dem weissen Grunde deutlich erkannt zu werden.

Tab. V.

Chorioideo-Retinitis.

Beide Abbildungen stellen dasselbe Auge dar.
Fig. 2 10 Monate später gezeichnet als Fig. 1.

Luise B., 19 Jahre alt, kam im Juli 1860 wegen einer schnell, angeblich nach einer Erkältung entstandenen Schwachsichtigkeit des rechten Auges in meine Behandlung. Das linke, schon seit der Kindheit kurz- und schwachsichtige Auge erkannte nur excentrisch die Zahl der Finger sicher bis auf 2' und zeigte bei der ophthalmoscopischen Untersuchung sehr ausgedehnte und tief eingehende Aderhautveränderungen: Nach der Peripherie des Augengrundes zu rundliche disseminirte Flecken, vorwaltend mit Epithelial-, bei einzelnen auch mit Stromaveränderungen. In der centralen Parthie dagegen zusammengeflossene Aderhautveränderungen von ähnlichem Charakter, wie sie später an dem andern Auge gefunden und in Fig. 2 dargestellt wurden.

Die Sehkraft des rechten, bis vor sieben Wochen noch ganz gesunden Auges soll im Verlauf von 14 Tagen bis zu dem Zustande, in dem sich die Patientin vorstellt, hinabgesunken sein. Sie liest nur noch von No. 20 mühsam einzelne Buchstaben und hat bei einem ziemlich guten excentrischen Sehen eine starke Herabsetzung des Sehvermögens in einer sehr grossen centralen Parthie.

Der ophthalmoscopische Befund, der sehr von dem des andern Auges abweicht, ist auf Fig. 1 dargestellt.

Die Aderhaut erscheint noch nicht sehr erheblich verändert, die unregelmässigen grauen Fleckchen sind fast nur auf Epithelialveränderung zu beziehen. Chorioidealgefässe sieht man kaum hie und da ein wenig zum Vorschein kommen. Dagegen fallen beträchtliche Netzhauttrübungen sofort ins Auge.

Dass die weisse unregelmässige Figur, die sich dem Zuge der grösseren Netzhautgefässe [illegible] anschliesst, wirklich durch eine Netzhautinfiltration, nicht etwa durch ein Chorioidealexsudat gebildet wird, ergiebt sich schon aus ihrem continuirlichen Uebergang in die Papille, die dadurch vollkommen trübe, ohne scharfe Contouren, wie aus der Tiefe her, röthlich durch eine weisse Substanz durchscheint. Die später weissen Parthien liegen aber jedenfalls in den hintern Schichten der Retina, da sonst die Gefässe nicht so klar sichtbar bleiben könnten.

Durch das Verhalten der Gefässe unterscheidet sich überhaupt dieses Bild sehr wesentlich von dem der einfachen primären Retinitis. Es sind nämlich die Arterien vollkommen normal, die Venen sehr stark ausgedehnt, aber ziemlich gleichmässig eine weite Strecke lang, und ohne erhebliche Schlängelung, namentlich ganz ohne das sonst so auffällige Auf- und Niedertauchen in der Substanz der Retina.

Beim Gebrauch örtlicher Blutentziehungen und mässiger Dosen Sublimat besserte sich allmählich das Sehvermögen, so dass nach Verlauf von etwa drei Wochen wieder gewöhnliche Schrift gelesen werden konnte, während die Netzhauttrübung ganz allmählich etwas abnahm. Die Patientin musste dann Berlin verlassen und stellte sich mir erst am 14. December wieder vor; sie las jetzt No. 3 ziemlich fliessend, grössere Buchstaben dagegen, wegen kleiner, in der Nähe des Centrum gelegener Scotome etwas unsicher. Das Gesichtsfeld ist im Uebrigen normal, dennoch etwas Hemeralopie vorhanden. Der ophthalmoscopische Befund ausserordentlich verändert. Die Netzhauttrübungen sind vollständig verschwunden, die Gefässe wieder normal, in der Aderhaut dagegen die Veränderungen schon fast ganz in der Weise ausgebildet, wie sie seitdem bestehen und erst im Juni des folgenden Jahres (1861) von mir in Fig. 2 abgebildet wurden, zu einer Zeit, als das Sehvermögen der Patientin fast vollkommen zur Norm zurückgekehrt war. Man sieht hier die Papille wieder vollkommen scharf contourirt, normal durchsichtig genug, um die Zeichnung der Lamina cribrosa in dem etwas vertieften Centrum erkennen zu lassen. Die Netzhaut und ihre Gefässe zeigen keine Spur mehr von der früheren Veränderung. Die Choroidea dagegen hat nur stellenweise ihre Textur behalten. An den helleren Theilen der Abbildung ist die Epithelialschicht ihres Pigmentgehalts vollkommen beraubt, und die Zellen sind wahrscheinlich zum Theil zerstört. Dadurch treten die entblössten Chorioidealgefässe scharf hervor, getrennt von einander durch sehr verschieden beschaffene Intervascularräume. An einzelnen Stellen ist nämlich das Stroma verdünnt und schwächer pigmentirt, an andern dagegen (wie z. B. in der linken untern Ecke) sehr viel dunkler als normal.

Die intensiv schwarzen Flecke, die namentlich auf der rechten Hälfte der Abbildung hervortreten, sind durch entartete Epithelialzellen gebildet und dürften zum Theil wohl schon in der Retina liegen. Mit Sicherheit zu entscheiden ist dies im einzelnen Fall leider nicht; doch steht im Allgemeinen fest, dass bei Krankheitsfällen, wie der vorliegende, Pigmentinfiltration in die Retina stellenweise vorkommt.

Hervorzuheben ist noch, dass, ausserhalb des Bereichs der Abbildung, der Augengrund bis zur äussersten Peripherie das Bild grossfleckiger Chorioiditis disseminata darbot.

Tafel VI.

Retinitis pigmentosa. — Chorioiditis Disseminata.

Fig. 1. Retinitis pigmentosa.

Man bezeichnet mit dem wenig passenden Namen der Retinitis pigmentosa eine Krankheit, die sich in der frühen Kindheit durch Hemeralopie und Gesichtsfeld-Beschränkung bemerkbar macht und durch fortschreitende Zunahme der letztern allmählig, meist erst gegen das 30ste oder 40ste Jahr hin, zu vollkommener Erblindung führt. Jahre lang vorher sind die Kranken schon unfähig, sich allein zu führen, während sie in ihrem kleinen Gesichtsfeld noch die feinsten Objecte erkennen.

Wie ich zuerst vor etwa 9 Jahren bemerkt, und seitdem bei immer wachsender Anzahl von Fällen bestätigt gefunden habe, stammt beinahe die Hälfte (40—50 %) von blutsverwandten Eltern. Auch Fig. 1 ist von einem Individuum entnommen, das aus einer Ehe zwischen Blutsverwandten entsprang. (Siehe Deutsche Klinik 1861, Nr. 6. und Archives générales de Médecine Février 1862).

Mit dem Augenspiegel sieht man zuerst in der Aderhaut Veränderungen: bei jugendlichen Individuen nicht sehr ins Auge fallende Unregelmässigkeiten im Epithel, bei älteren Individuen sind diese über einen grossen Theil des Augengrundes verbreitet, die Zellen scheinen stellenweise vollkommen zu fehlen, ausserdem aber sind dann auch schon Veränderungen im Stroma und den Gefässen eingetreten. Ersteres ist meistens schwächer, an einzelnen Stellen aber auch sehr dunkel pigmentirt, und lässt dann die Chorioidealgefässe unregelmässig, bald ganz scharf gezeichnet, bald matt durchschimmern. Die Chorioidealgefässe selbst sind sehr unregelmässig gefüllt, bei sehr alten Individuen oft an grossen Strecken vollkommen obliterirt in dünne hellgelbe Stränge verwandelt.

Am auffälligsten ist die Pigmentirung der Retina. In einer Zone, die die Macula lutea und den Opticus in einiger Entfernung umgiebt, und je nach dem Alter eine sehr verschiedene, meistens aber nach der Innenseite zu eine bedeutendere Breite hat, als auf der äusseren, zeigen sich intensiv schwarze Flecke von den mannigfaltigsten Formen, die bei genauer Betrachtung zusammengesetzt erscheinen aus lauter feinsten Pünktchen, den einzeln erkennbaren Zellen oder Körnchen. Bald stehen die Flecken isolirt, bald verbinden sie sich zu einem Netzwerk wie in Fig. 1.

Wenn die sehr verdünnten Netzhautgefässe durch diese Zone hindurchziehen, sind sie oft von Pigmentstreifen förmlich eingescheidet. Es hat dies seinen Grund in dem leichteren Vordringen der Pigmentzellen längs der Adventitia.

Die Menge des in die Retina eingedrungenen Pigmentes ist eine sehr verschiedene und hat keinen wesentlichen Einfluss auf die Beurtheilung des Zustandes, da selbst bei sehr vorgeschrittenem Krankheitsbilde das Pigment nur spurweise vorhanden sein, ja sogar ausnahmsweise ganz fehlen kann.

Die der Pigmentirung folgende Atrophie der Retina spricht sich ausser in dem Zustand der Netzhautgefässe noch in einer stellenweise hervortretenden Trübung und leichten Streifung aus. Der Opticus, der in dem hier vorliegenden Falle scharf begrenzt, hellweiss atrophisch erscheint, ist sonst häufig streifig trübe, grauröthlich und von sehr unregelmässiger Contour, wie auf Fig. 3 Taf. XI. (Vergl. auch die Erklärung zu jener Figur).

Fig. 2. Chorioiditis disseminata.

Linkes Auge, umgekehrtes Bild von einem achtzehnjährigen Mädchen entnommen, dessen rechtes Auge einen ganz ähnlichen Befund darbietet. Als Patientin vor zwei Jahren in meine Behandlung kam, las sie mit dem rechten Auge Nr. 2. in 6', mit dem linken Auge nur von Nr. 20 einzelne Buchstaben.

Nach einem sechswöchentlichen Gebrauch von Sublimat und ableitendem Verfahren, las sie rechts Nr. 1, links Nr. 3. in 6' und dieses Sehvermögen hat sich mit geringen Schwankungen während der zweijährigen Beobachtung erhalten. Ich führe dies nur an, um darauf aufmerksam zu machen, dass derartige Fälle trotz der sehr ausgedehnten und auffälligen Veränderungen und trotz des persistirenden ophthalmoskopischen Befundes einen sehr günstigen Gegenstand für die Therapie bilden. Der Effect ist freilich ein um so glänzender, je mehr die hierbei auftretenden Retinalveränderungen das Sehvermögen herabgesetzt hatten.

Diese Form disseminirter Chorioiditis zeichnet sich besonders durch die Art der Epithelial-Veränderungen aus: Gruppen von Epithelialzellen, die, vergrössert und mit einem dunkleren Pigment stärker angefüllt, als die normalen Zellen, bilden schwarze Flecken von der mannigfaltigsten Form, welche fast immer von einem schmalen hellen Saume umgeben sind, in dessen Bereich das Epithel entweder fehlt oder seines Pigmentgehalts beraubt ist. Diese schwarzen Flecken sind am stärksten entwickelt und am dichtesten gruppirt in dem centraleren Theil der Chorioidea, werden nach der Peripherie zu immer sparsamer, lassen sich aber in den meisten Fällen noch bis an die äussersten Grenzen des Augengrundes hin verfolgen. In der vorliegenden Figur befindet sich das Centrum nahe dem linken Rande des Bildes, während der rechte Rand wie ein Vergleich mit Taf. I. lehrt schon der äussersten Peripherie des Augengrundes sehr nahe liegt.

In der Umgebung des Opticus und der macula lutea finden sich Veränderungen, die sich nicht mehr auf das Epithel beschränken, sondern ein tieferes Eingreifen der Affection bekunden. Im Bereiche der hellen Flecke, in denen die Chorioidealgefässe als kurze rothe Streifen zu Tage treten, ist nämlich sowohl das Epithel als auch das Stroma der Aderhaut seines Pigmentgehalts und wahrscheinlich auch eines grossen Theils seiner Zellen beraubt. An einzelnen Stellen nehmen diese rundlichen, hellen, schwarzgesäumten Flecke das Aussehen wie bei Chorioiditis areolaris an.

Tab. VII.

Netzhautablösung. — Chorioiditis circum papillam. Chorioidealablösung. — Cysticercus.

Fig. 1. Frische Ablösung der oberen Netzhauthälfte mit spontaner Perforation. (Aufrechtes Bild).

Die stark prominente abgelöste Membran ist noch ziemlich prall und glatt ausgespannt, reflectirt daher nur wenig Licht und lässt, da die Flüssigkeit, die zwischen sie und die Chorioidea getreten, eine durchsichtige ist, den rothen Grund, wenn auch etwas verschleiert, durchschimmern. Nur an der unteren Grenze, an den drei flachen Falten und an dem Rande der Perforationsstelle, reflectirt die Netzhautsubstanz stark genug, um mit einem bläulich weissen Schein das dahinter Liegende zu verdecken. Durch den hufeisenförmigen Riss hindurch sieht man Chorioidealgefässe und graue Intervascularräume blossgelegt und daher äusserst scharf hervortreten. Der etwas zusammengeschrumpfte, herunterhängende Netzhautzipfel befindet sich hier noch in einer Ebene mit der übrigen abgelösten Parthie; später, als sich diese wieder beinahe vollkommen anlegte und sich statt dessen eine Ablösung der unteren Netzhauthälfte bildete, ragte jener Zipfel allein mit seiner Spitze weit in den Glaskörper hinein, und man konnte dann noch deutlicher, als hier in der Abbildung, eine kleine veränderte Stelle der Chorioidea mit dem Rest eines Chorioidealextravasats und circumscripten Pigmentveränderungen als den muthmasslichen Ausgangspunkt der Netzhautablösung erkennen.

Fig. 2. Alte, beinahe totale Netzhautablösung. (Aufrechtes Bild).

Nur in der nächsten Umgebung der Papille liegt die Retina fest der Chorioidea an. Die Papille ist daher noch scharf contourirt, während sie in den Falten, wo die Retina bis zum Opticus hin vollkommen abgelöst ist, verschwommen erscheint. Die obere Hälfte der Netzhaut ist nur wenig von der Chorioidea entfernt und ziemlich glatt ausgespannt. Die untere Hälfte dagegen, die sich nach links hin mit einer ziemlich scharfen Kante absetzt, prominirt stärker in den Glaskörper, ist sehr gefaltet und erscheint dadurch und durch die Trübheit der dahinter befindlichen Flüssigkeit in dieser eigenthümlichen Färbung. Die Gefässe, die über die Wellen der Netzhaut auf- und niedertauchen, erscheinen nur wegen der Farbe des Grundes so dunkel. Ihr Inhalt ist unverändert.

Fig. 3. Chorioiditis exsudativa circum papillam mit Perforation der Retina.

Die graue, in lange Spitzen auslaufende Figur, welche die trübe, röthliche, undeutlich contourirte Papille umgiebt, wird von einem festen, an der Innenfläche der Aderhaut liegenden Exsudat gebildet. Die Netzhautgefässe ziehen darüber hinweg und verrathen nur durch ein paar schwache Windungen an der Kante des Exsudates dessen leichte Prominenz. Ein Exsudat, welches die Netzhaut, wahrscheinlich dicht neben dem Sehnerven, durchbrochen hat, ragt als eine sehr helle, rundliche Figur etwas in den Glaskörper hinein und verdeckt einen Theil der Papille.

Der Zusammenhang des hervorgedrungenen Exsudats mit dem hinter der Netzhaut liegenden konnte in anderen Fällen dieser seltenen Affection, die ich zuerst in dem Congrès international d'Ophthalmologie (s. Compte rendu 1861 S. 21) beschrieben, nachgewiesen werden.

Fig. 4. Ablösung der Chorioidea von der Sclera.

Auch diese Affection ist nur äusserst selten. (Siehe meine Beschreibung in: „de l'examen de l'oeil au moyen de l'ophthalmoscope. Mackenzie traduit par Warlomont et Testelin", und in dem Arch. f. O. Bd. V. 1.) Die feste Verbindung zwischen Chorioidea und Sclera ist dem Austritt von Flüssigkeit zwischen dieselben nicht günstig; kommt er doch einmal zu Stande, so entsteht dadurch eine scharf contourirte, pralle, in den Glaskörper hineinragende Geschwulst, über welche die Netzhautgefässe in gestrecktem Verlauf hinwegziehen. Durch den Mangel an Faltung und Beweglichkeit der Oberfläche, namentlich aber dadurch, dass sich unmittelbar hinter den Netzhautgefässen Andeutungen von der Chorioidea, ihren Gefässen und Intervascularräumen finden, unterscheidet sich dieser Befund von dem bei Netzhautablösung; doch tritt später gewöhnlich Netzhautablösung in der Umgebung ein. Die Farbe ist bei der Chorioidealablösung bald wie sie in Fig. 4 dargestellt, bald mehr röthlich, je nach der Pigmentirung des Individuums und der Beschaffenheit der Flüssigkeit, welche die Chorioidea von der Sclera trennt.

Beginnende intraoculare Tumoren können ähnliche Bilder wie Fig. 3 und 4 hervorbringen.

Fig. 5. Cysticercus cellulosae im Glaskörper.

Das ursprünglich unter der Netzhaut entwickelte, nach Durchbruch derselben in den Glaskörper getretene Thier präsentirte sich mit so vollkommener Schärfe, dass man die undulirenden Bewegungen und Einschnürungen der Blase nicht nur an der Contour, sondern auch durch die vordere Wandung hindurch an der hinteren erkennen konnte, namentlich nach der Mitte zu, wo in der Abbildung die röthliche Färbung nachweist, dass mehr Licht vom Augengrunde durchscheinen kann, als durch die Randtheile, auf die das Licht schräger auffällt und dadurch stärker reflectirt wird. Der Hals, und namentlich sein Ansatz an die Blase, sind opaker, von feinen weissen Pünktchen (Kalkkörperchen) durchsetzt. Dieser undurchsichtigere Ansatztheil des Halses hat auch die grösste Festigkeit; an ihm muss man daher das Thier zu fassen suchen, wenn man es extrahiren will. So fasste ich es in einem Falle mit einer durch die Sclera geführten Pince-capsulaire, während ich Thier und Instrument mit einem an meinem Kopf fixirten Augenspiegel beleuchtete und genau beobachten konnte. Am Kopf erkennt man in der Abbildung 2 Saugnäpfe (die beiden anderen stehen nach hinten) und die nach oben gerichtete Mundöffnung. Die Form des Kopfes erschien nicht immer wie in der Abbildung, sondern wechselte in sehr auffallender Weise. Er verlängerte sich bald stossweise durch das Vorschnellen des die Mundöffnung und den Hakenkranz tragenden Rüssels, bald plattete er sich vollkommen ab, und traten die 4 Saugnäpfe an lang ausgezogenen Stielen hervor, mit herumtastenden Bewegungen, ähnlich denen der Fühlhörner einer Schnecke. Wenn sich Kopf und Hals in die Blase hineinstülpten, so sah ich in der Blase an dem Ansatz-Theil des Halses eine kleine Spalte, die beim Andrängen des wieder erscheinenden Kopfes klaffte und sich abrundete.

Die kleinen, grauen, rundlichen Fleckchen, welche die Blase zum Theil umgeben, bestehen aus einer, für die Anwesenheit des Cysticercus characteristischen, durch sein Ansaugen gebildeten Glaskörper-Trübung.

Fig. 6 zeigt einen Cysticercus noch unter der Netzhaut befindlich, wie aus den darüber hinziehenden Gefässen erkennbar. Der in die Blase hineingezogene Kopf- und Halstheil schimmert nur unbestimmt durch; der schmale graue Streifen, nach rechts von der hellen Contour der Blase, wird von der Netzhaut gebildet, die sich hier kreisförmig vom Augengrunde zur Blase herüberspannt.

Tab. VIII.

Netzhauterkrankungen.

Fig. 1. Netzhauthaemorrhagie bei einem 71jährigen Manne mit Arterio-Sclerose und Hypertrophie des linken Ventrikels.

Patient hatte beim Erwachen plötzlich die gänzliche Erblindung seines bisher normalsichtigen linken Auges bemerkt; 14 Tage später kam er in meine Behandlung. Er konnte noch ganz excentrisch mühsam Finger zählen und hatte im ganzen übrigen Gesichtsfelde nur geringe quantitative Lichtempfindung. Bei der ophthalmoscopischen Untersuchung zeigten sich bis zu der äussersten Peripherie des Augengrundes dieselben dunkeln, unregelmässigen Blutflecken, die, wie es schien, die verschiedenen Netzhautschichten durchsetzten. Auch zwischen den grösseren Flecken war die Netzhaut beinahe nirgend vollkommen rein, mit unregelmässig verstreuten rothen Pünktchen bedeckt. Die Arterien, theils vollkommen blutleer, in weisse Stränge verwandelt, theils streckenweise mit Gerinnsel angefüllt, nur in einzelnen Aesten war die Circulation noch frei. Auch die Venen waren grösstentheils ganz blutleer; nur ein einzelner Ast hatte noch eine nahezu normale Füllung.

Die Abbildung ist 4 Wochen nach dem Eintritt der Erblindung gemacht. Es zeichnen sich aber solche Netzhauthaemorrhagieen bei alten Leuten durch das ausserordentlich lange unveränderte Bestehen der Blutflecken aus, die nur ganz allmählig mehr zerklüften und dann theils resorbirt, theils in sehr dunkle, krümliche Massen verwandelt werden.

Fig. 2. Netzhauthaemorrhagie nach Menstruationsunterdrückung.

Eine 45 Jahre alte Frau hatte nach dem Ausbleiben der früher bei ihr sehr starken Menstruation plötzlich das Gefühl, „als ob ihr etwas über das linke Auge herabfiele"; sie schloss das andere und bemerkte dann vor dem kranken einen gerade das Centrum verdeckenden, grossen, runden, dunklen Fleck. Unmittelbar darauf bekam sie Ohrensausen, Schwindel und Uebelkeit, die einige Stunden anhielten.

Es war dies am 20. November 1861. Fünf Tage später untersuchte ich sie und fand bei einem normalen excentrischen Sehen eine hochgradige Amblyopie (sie las nicht von Nr. 20), durch ein grosses Scotom bedingt, dessen Form ziemlich genau dem ophthalmoscopisch wahrzunehmenden Extravasat entsprach. Der damalige Zustand ist in Fig. 2 im umgekehrten Bilde dargestellt. Es liegen die kleinen runden Extravasate in den hintersten, die streifigen in der vordersten, der Nervenfaserschicht der Retina. Das grosse, die ganze Gegend der Macula lutea verdeckende Extravasat überraschte mich durch seine eigenthümliche Form um so mehr, als ich schon früher einmal, bei einer unter gleichen Bedingungen erkrankten Frau, ein vollkommen eben so geformtes an der gleichen Stelle beobachtet und aufgezeichnet hatte. Dass dies Extravasat in den hintersten Schichten der Retina gelegen, war durch kleine, glänzend weisse Pünktchen, die sich später in den vor dem Extravasat liegenden Netzhautschichten entwickelten, sicher zu beweisen. Im Bereich der weisslichen Figur, die den rothen Fleck zu einer fast regelmässigen Ellipse vervollständigt, ist wahrscheinlich eine dünne, äusserst klare Flüssigkeitsschicht zwischen Aderhaut und

Netzhaut gelegen (vielleicht das vom Plasma des ergossenen Blutes getrennte Serum.) Zugleich erschien die Netzhaut bis in ihre innersten Schichten hinreichend getrübt, um die hindurchziehende Arterie vollkommen und auch die Vene ein wenig zu verhüllen. Diese Trübung, so wie die kleinen Extravasate, verschwanden während einer ableitenden Behandlung schon im Verlauf von einigen Wochen: das grosse Extravasat dagegen verkleinerte sich nur ganz allmählig im Verlauf von Monaten, von der Peripherie her, namentlich von der horizontalen Grenze aus, und zwar ohne zu zerklüften, so dass es am 8. Februar 1862 noch eine der ursprünglichen ähnliche Form, aber von rechts nach links nur den doppelten, von oben nach unten kaum den einfachen Durchmesser der Papille hatte. Gleichzeitig hatte sich das Sehvermögen immer mehr gebessert. Am 8. April las sie No. 7, mit Convex 10 No. 1 in 8", während nur noch ein kleiner, blassrother Streifen einen Rest des früheren Extravasates andeutete. Am Ende desselben Monats waren Sehvermögen und ophthalmoscopischer Befund vollkommen zur Norm zurückgekehrt. Ich habe seitdem noch mehrere Male genau denselben Befund und zwar immer bei Frauen zu beobachten Gelegenheit gehabt.

Fig. 3. Erkrankung der Gefässe, Haemorrhagie und fettige Degeneration in der Retina bei Arterio-Sclerose und Hypertrophie des linken Ventrikels.

Ein 64jähriger Mann, der schon seit 4 Jahren an periodisch sich steigernder, hochgradiger Amblyopie litt, zeigte diesen von der Norm so sehr abweichenden Verlauf der Netzhautgefässe. Die Venen sind zum Theil offenbar sehr verlängert, an einzelnen Strecken beinahe ganz blutleer, die feinen Aeste sehr ausgedehnt und stark geschlängelt, die Arterien dünn, einige ganz obliterirt. Von den Extravasaten liegen die kleinen, streifigen in der Nervenfaserschicht, das grosse glatte an der Innenfläche der Retina. Die dunkeln Figuren in der rechten oberen Ecke des Bildes werden von einer in den Glaskörper membranartig hineinragenden Fortsetzung des Extravasates gebildet, ein Beleg für die sehr häufig von mir gemachte Beobachtung, dass ausgetretenes Blut sich in der Netzhaut sehr lange in seiner Farbe hält, im Glaskörper dagegen sehr schnell dunkel wird. (Vergl. Taf. XI. Fig. 10.) Die weissen Flecke sind wahrscheinlich theils durch fettige Degeneration der bindegewebigen Elemente der Retina, theils durch Sclerose der Nervenfasern gebildet.

Patient starb an Apoplexie.

Fig. 4 und 5. Embolie der Arteria centralis retinae.

(Dasselbe Auge, Fig. 4 in den ersten Tagen der Erkrankung, Fig. 5 im späteren atrophischen Stadium dargestellt.)

Es ist dies von 16 Fällen, die ich bis jetzt beobachtete, derjenige, den ich schon in einer früheren Beschreibung angeführt. (Siehe Deutsche Klinik 1862 No. 50.)

Durch Herrn Dr. Ring wurde am 25. Mai d. J. ein 29jähriger junger Mann, ein Musiker, zu mich gewiesen, der Tags vorher plötzlich auf dem rechten Auge erblindet war. Er hatte am 23sten eine starke Haemoptoe gehabt und bemerkte am 24sten, Morgens 9 Uhr, während er über die Strasse ging, ganz plötzlich eine schnell eintretende Verdunkelung des rechten Auges, die nach einigen Stunden wieder verschwand. Als er aber von einem Mittagsschlafe um 3½ Uhr erwachte, war das rechte Auge vollständig erblindet. Als er sich am folgenden Vormittag bei mir vorstellte, zählte er nur nach aussen in einem kleinen Theile des Gesichtsfeldes mühsam Finger, während im übrigen Gesichtsfelde nur hier und da etwas quantitative Lichtempfindung vorhanden war. Schon damals, also noch nicht 24 Stunden nach dem Eintritt der Erblindung, existirte diese erheblicheNetzhautveränderung in der Gegend der Macula lutea mit dem characteristischen rothen Fleck. Die leeren Arterien mit den dunkeln Gefässwänden, die verstopften Gefässe an der Macula lutea, der Zustand der Venen mit der in ihnen sichtbaren verlangsamten Circulation sicherten mir die Diagnose der Embolie, und ich untersuchte daher, trotz der Versicherung des Patienten, dass er, abgesehen von der vorgestrigen Hirnsymptome, niemals die geringsten Krankheitserscheinungen oder Beschwerden gehabt, die auf ein Herzleiden deuten könnten, sofort dies Organ. Es bestätigte sich die Vermuthung, dass hier Klappenfehler vorhanden seien. Herr Prof. Traube hatte später die Güte, den Kranken genauer zu untersuchen und die Diagnose zu stellen auf: „Insufficienz der Aortenklappen mit consecutiver Hypertrophie und Dilatation des linken Ventrikels und wahrscheinlich leichter Stenose des Ostium venosum sinistrum. — Vollständige Compensation."

Während einer leicht ableitenden, im Allgemeinen aber ziemlich indifferenten Behandlung, kleinen örtlichen Blutentziehungen, besserte sich allmählig das Sehvermögen ein wenig, d. h. es wurden Finger etwas prompter und einige Fuss weiter, jedoch immer nur excentrisch, gezählt, und die quantitative Lichtempfindung breitete sich über einen etwas grösseren Theil des Gesichtsfeldes aus. Dabei beobachtete ich schon am 6ten Tage eine Rückbildung der Retinalveränderungen. Es wurde die milchig-weisse Trübung in der Gegend der Macula lutea blasser, das rothe Centrum dunkler und bestimmter contourirt; es bildeten sich wenige jener feinen cholestearinartig schimmernden Pünktchen, die später vollkommen verschwanden. Die Arterien erschienen zum Theil etwas stärker gefüllt, die dunkleren Stellen in ihnen nahmen dagegen an Dicke ab und verschwanden dann ganz allmählig. Auch die feinsten Zweige, welche früher viel zu stark gefüllt und dunkel, wie von ihrem centralen Antheil abgeschnitten, um die Macula lutea herum gruppirt waren, verschwanden vollständig. Opticus und Retina nahmen ein atrophisches Aussehen an, wie es in Fig. 5 dargestellt.

Später bekam der Kranke noch eine Gehirnembolie mit Hemiplegie, die einen so günstigen Verlauf nahm, dass er sehr bald wieder mit der früher gelähmten Hand Clavier spielen konnte, während die Sehkraft und der ophthalmoscopische Befund unverändert blieben.

Fig. 6. Durchtränkung und Schwellung des Opticus (Neuritis optici) mit beginnender Netzhaut-Degeneration bei Morbus Brightii

Diese Veränderung der Papille, ganz ähnlich der bei Gehirn- und Orbital-Tumoren vorkommenden (vergl. Tafel XI. Fig. 2, 11, 12, 13, 14), entwickelt sich bei Morbus Brightii bald ganz allein, bald geht sie den Netzhautveränderungen voraus; bisweilen sah ich sie erst eintreten, nachdem die ausgedehnteste Netzhaut-Degeneration schon lange bestanden. In dem vorliegenden Falle deuten die intensiv weissen Flecke über dem Sehnerven die beginnende Sclerose der Nervenfasern, die an der Macula lutea sternförmig gruppirten weissen Pünktchen die fettige Degeneration in den Radialfasern an. Die Extravasate liegen in der Nervenfaserschicht, wie aus ihrer Streifung zu erkennen ist.

Tab. IX.

Netzhaut-Degeneration bei Morbus Brightii. — Retinitis haemorrhagica.

Fig. 1 und 2. Netzhautdegeneration bei Morbus Brightii.

Fig. 1 zeigt die Netzhautveränderungen in der stärksten Ausbildung, wie sie, für Morbus Brightii vollkommen characteristisch, bei keiner anderen Affection gefunden werden.

Wenn auch die diesem Bilde zu Grunde liegende mikroskopisch nachweisbare Entartung der einzelnen Elemente unter verschiedenen anderen Bedingungen vorkommt, so ist, wie ich darauf schon früher (Archiv f. Ophth. Bd. V. 2. S. 266) aufmerksam gemacht, gerade die Localisirung und Gruppirung diesen Fällen so ausschliesslich eigenthümlich, dass man dadurch in den Stand gesetzt wird, direct aus dem ophthalmoscopischen Befunde mit Sicherheit das Nierenleiden zu diagnosticiren.

Die grauliche Trübung in der Papille und ihrer nächsten Umgebung ist bedingt durch seröse Durchtränkung und Vermehrung des Bindegewebes in der Retina; der opak-weisse Wall, der diese Partie umgiebt, durch Sclerose der Nervenfasern und fettige Degeneration der bindegewebigen Elemente. Letztere zeigt sich isolirt in den kleinsten, rundlichen, am Rande der weissen Figur befindlichen Fleckchen, die an der Macula lutea die strahlenförmige Anordnung annehmen, wie hingespritzt erscheinen. Es hat dies (nach Schweigger) seinen Grund in der eigenthümlichen Anordnung, welche die vorderen Enden der Radialfasern, in denen sich die Körnchenzellen entwickeln, an dieser Stelle zeigen. Die Körnchenzellen kann man hier und da als weisse Pünktchen erkennen.

Die zahlreichen Extravasate liegen hier fast alle in der innersten Schicht der Retina; durch die reihenweise Anordnung der Blutkörperchen zwischen den Nervenfaserbündeln entsteht die Streifung der Flecken, welche überall dem Verlauf der Nervenfasern entspricht. In anderen Fällen treten auch rundliche, in den tieferen Schichten gelegene und sehr ausgedehnte Extravasate zwischen Retina und Chorioidea auf. (Vergl. auch den Fall von Neuroretinitis bei Morbus Brightii Taf. VIII. Fig. 6).

Fig. 2 stellt einen anderen Fall von Morbus Brightii in einem späteren Stadium dar. Es sind hier die opak-weissen Trübungen schon grösstentheils verschwunden, so dass die noch zurückgebliebenen Veränderungen an der Macula lutea sich noch besser hervorheben, als in dem vorigen Falle. Extravasate sind nur spurweise vorhanden, und auch die Durchtränkung in der Papille ist fast ganz verschwunden, so dass diese schon wieder heller hervortritt, was sich später bei ausgesprochener Atrophie noch über das Normale hinaus steigert.

Die Venen, welche in Fig. 1 beträchtlich überfüllt sind, erscheinen hier zwar noch stellenweise etwas geschlängelter, doch nicht dicker, als in der Norm; die Arterien, wenn auch immer dünn, sind doch etwas mehr gefüllt, als in dem früheren Stadium, wo sie beinahe ganz blutleer. Die weissen Streifen, die sie an einzelnen Stellen begleiten, werden von verdickter Adventitia gebildet.

Die kleinen grauen Fleckchen liegen im Epithel der Chorioidea; man sieht sie auffallender Weise fast immer genau in derselben eckigen Form gruppenweise neben einander liegen, schon während des früheren Stadiums nach der Peripherie zu, später, wenn die Netzhauttrübung verschwunden, kann man sie so nahe an den Opticus heran verfolgen, wie in Fig. 2.

Fig. 3. Retinitis haemorrhagica.

Linkes Auge umgekehrtes Bild. Durchtränkung und Schwellung der Nervenfaserschicht der Retina, Austritt von Blut in dieselbe, Blutleere der Arterien, Ueberfüllung und Stauung in den Venen bedingen diesen ophthalmoskopischen Befund.

Durch das ausgetretene Blut wird der Opticus so stark geröthet, die gewöhnlichen Contouren der Papille so vollkommen verdeckt, dass man dieselbe nur vermittelst der Gefässe ausfindig macht und sie daran erkennt, dass sie das Centrum einer radiären Streifung bildet, welche vollkommen dem Verlauf der Nervenfaserbündel entspricht. Es tritt diese Streifung dadurch so deutlich hervor, dass sich die ausgetretenen Blutkörperchen reihenweise zwischen die Nervenfaserbündel legen und den Verlauf der letzteren in einer Weise markiren, die z. B. in diesem Falle in der ganzen Umgebung des Sehnerven und der Macula lutea eine sehr instructive Zeichnung bildet. (S. meine Mittheilungen über den Verlauf der Nervenfasern auf der Retina in den Verhandlungen des Heidelberger Congresses 1869.)

Auf den ersten Blick muss es auffallen, dass man in der Abbildung von den Arterien nur hie und da eine schwache Andeutung sieht. Dieselben sind nämlich so dünn und blass, dass sie von der getrübten Retina leicht ganz verhüllt werden, und erst nach der Peripherie des Augengrundes zu, deutlicher hervortreten. Dagegen machen sich die Venen sofort durch ihre bedeutende Schwellung bemerkbar. *Sie* sind nämlich viel dicker, dunkler, praller und geschlängelter als in der Norm, und zwar machen sie nicht nur stärkere Windungen in der Ebene der Retina, sondern auch in einer auf dieser Ebene senkrecht stehenden, d. h. bald heben sie sich aus kurzen Krümmungen an die Oberfläche, bald senken sie sich in die Tiefe der Nervenfaserschicht und werden im letzteren Falle von der vor ihnen liegenden getrübten Substanz verschleiert, hie und da sogar so vollkommen verdeckt, dass sie sich eine kurze Strecke weit der Beobachtung ganz entziehen.

Dieser Befund ist von einer 48 Jahre alten, noch regelmässig menstruirten, an Aortalinsufficienz und Dilatation der Aorta leidenden Frau entnommen, und zwar etwa 8 Tage nach Eintritt der Sehstörung (Patientin las noch mühsam Nr. 20, Gesichtsfeld frei).

Im Lauf von fünf Monaten hat sich bei einem ziemlich indifferenten ableitenden Verfahren das Sehvermögen so weit gebessert, dass sie Nr. 11. liest, dabei hat sich der ophthalmoskopische Befund allmählich ausserordentlich geändert: Die Papille ist jetzt deutlich sichtbar, normal gefärbt und contourirt, die Arterien, nur wenig dünner als in der Norm, treten überall deutlich hervor, die Venen zeigen normalen Verlauf und Füllung. Von den Extravasaten erkennt man nur hie und da Spuren kleiner Fleckchen und Pünktchen, die eine dunklere, mehr braunrothe Farbe angenommen haben; nur unmittelbar unter der Macula lutea ist noch eine Stelle von etwa 3—4 Millimeter Breite mit Blut bedeckt. Man sieht hier aber nicht mehr die ursprüngliche regelmässige Streifung. Ueber dem Sehnerven findet man noch eins der grösseren Extravasate, das jetzt in einen intensiv reflectirenden weissen Fleck mit rothem Saum verwandelt ist.

Tab. X.

Retinitis syphilitica. — Retinitis leucaemica.

Fig 1. und 2. Retinitis syphilitica.

Ein Vergleich zwischen den beiden ersten Figuren dieser und denen der vorigen Tafel zeigt sehr deutlich die grosse Verschiedenheit zwischen der syphilitischen und der bei Morbus Brightii vorkommenden Netzhauterkrankung. Die Trübung der Retinalsubstanz erstreckt sich bei der Retinitis syphilitica über ein nicht scharf begrenztes Bereich. Sie zieht sich von der Papille aus, die dadurch ihre scharfen Contouren verliert, namentlich längs der stärkeren Gefässe hin, um die Macula lutea herum und noch etwas weiter nach der Peripherie zu, wo sie, allmählich abnehmend, ohne deutliche Begrenzung aufhört. In ihrer Farbe und, ich möchte sagen, Structur erscheint sie wie eine pathologische Steigerung desjenigen Reflexes, den die Netzhautsubstanz auch im normalen Auge unter geeigneten optischen Bedingungen, namentlich bei dunkel pigmentirten Individuen, darbietet. Nur äusserst selten kommt hier und da einmal ein etwas opakeres Fleckchen vor, wie das in Fig 1 links oben sichtbar, oder solche weisse Streifen, wie sie dort vom Opticus ausgehen; niemals aber reflectiren diese das Licht so stark, wie die glänzend weissen Fleckchen bei Morbus Brightii. Dasselbe gilt auch von den punktförmigen Trübungen, mit denen das Gebiet der Macula lutea, ohne irgend welche regelmässige Anordnung, bestreut ist. Auffallend ist an diesen punktförmigen Trübungen ihre grosse Wandelbarkeit. Ich sah sie in dem Zwischenraum von wenigen Tagen, bei entsprechenden Schwankungen im Sehvermögen der Patienten, abwechselnd bald ganz verschwinden, bald dicht gedrängt und sehr deutlich hervortreten.

Im Gegensatz dazu zeichnet sich die übrige Retinaltrübung durch ihre grosse Gleichmässigkeit und bisweilen ausserordentlich lange Dauer aus, so wie durch den allmäligen Uebergang des entzündlichen in das atrophische Stadium.

Ganz im Anfang sind die Venen wohl etwas überfüllt, kehren jedoch bald zur Norm zurück und können sehr lange so bleiben, um dann nur ganz allmälig dünner zu werden, während sich in der äussersten Leerheit und Dünnheit der Arterien langsam immer deutlicher der atrophische Zustand der Retina ausspricht.

Nur ganz ausnahmsweise ist der Vorgang in den Gefässen ein so stürmischer, wie in dem Fall, den Fig. 1 darstellt:

Leopold N., 24 Jahre alt, giebt an, von Anfang December 1860 bis Mitte Januar 1861 wegen eines indurirten Schankers behandelt worden zu sein. Ende desselben Monats habe er eine Entzündung des rechten Auges mit heftigen Schmerzen, Röthung des Auges und Trübung des Sehvermögens gehabt, welche in Folge einer mercuriellen Behandlung gewichen sei; gleich darnach aber habe die Sehkraft des linken Auges beträchtlich abgenommen, ohne dass Entzündungserscheinungen an demselben bemerkbar gewesen wären.

Ende Februar habe er einen Ausschlag im Gesicht, auf Armen und Schultern bekommen, der nach Verlauf von 2 Monaten allmälig abgeheilt sei. Die Residuen desselben zeigten sich als bräunliche, etwas narbig eingezogene Flecken, als er Ende April 1861 in meine Behandlung kam.

Er las damals mit dem rechten Auge No. 4 der Schriftscala mühsam; mit convex 10 No. in 4″; mit dem linken Auge No. 14, und durch convex 10 No. 10 der Schriftscala in 3″, bei starker Herabsetzung des excentrischen Sehens nach oben.

Den ophthalmoscopischen Befund seines linken Auges zeigt Fig. 1. im umgekehrten Bilde. Man sieht hier im oberen Theil des Bildes die für Retinitis syphilitica characteristische Netzhauttrübung; von den gewöhnlichen Fällen aber, von denen Fig. 2 ein Beispiel zeigt, unterscheidet sich der Befund erstens: durch sehr starke Ausdehnung und Schlängelung der (im umgekehrten Bilde) nach oben gehenden Venen, bei gleichzeitiger enormer Dünnheit und theilweiser Obliteration der nach der entgegengesetzten Seite hinziehenden Gefässe; zweitens: durch die schon vorhin erwähnten weissen streifigen Trübungen, die, an der Innenfläche der Retina gelegen, ein ganzes Bündel von Gefässen so comprimiren, dass einzelne Aestchen dadurch in feine weisse Streifen verwandelt werden.

Einen weiteren Unterschied von den gewöhnlichen Befunden bedingen die zahlreichen frischeren und älteren Ecchymosen, die theils in den verschiedenen Schichten der Retina, theils hinter derselben, theils an ihrer Innenfläche gelegen sind.

Auch die Chorioideal-Veränderungen, die hier grössere, scharf begrenzte Flecken mit Verminderung des Pigments im Epithel und Stroma bilden, unterscheiden sich von den gewöhnlich vorkommenden. Meistens sieht man nämlich unregelmässig verstreute kleinere dunkle und helle Fleckchen ähnlich wie in Fig. 2, in denen die Epithelialzellen sehr unregelmässig gefüllt sind und, wie mir scheint, später bei fortschreitender Atrophie bisweilen in die Retinalsubstanz eindringen können.

Das andere Auge bot den gewöhnlichen Befund und in weit geringerer Ausdehnung, etwa wie in Fig. 2, dar. Es lichteten sich beim Gebrauch von Jodkali dort die Trübungen mehr und mehr, während das Sehvermögen allmälig zur Norm zurückkehrte.

Auf dem linken Auge dagegen verfiel die Sehschärfe beträchtlich. Nach einer kurzen Zeit der Besserung trat eine ausgedehnte Netzhautblutung auf, die den Glaskörper mit dunkelrothen Gerinnseln anfüllte. Letztere vertheilten sich im Verlauf einiger Wochen zwar wieder, wurden aber bald durch noch massenhaftere ersetzt. Die weiteren Veränderungen konnte ich, da der Kranke Berlin verliess, nicht beobachten.

Fig. 3. Retinitis leucaemica.

Ein Fall von **Retinitis leucaemica**, als solcher characterisirt durch die blasse Färbung sämmtlicher Netzhaut- und Aderhautgefässe, vorzüglich aber der Netzhautvenen, die, trotz ihrer starken Füllung und Schlängelung, eben so wie die kleinen Extravasate, hell rosa erscheinen; ferner durch die Blässe der Papille, die streifige Netzhauttrübung in ihrer Umgebung und die unregelmässigen Fleckchen in der Gegend der Macula lutea. Endlich durch eine Anzahl glänzend weisser, rundlicher Flecken, die, in Form und Farbe den bei Morbus Brightii vorkommenden ganz ähnlich, sich durch ihre sehr peripherische Lage von ihnen unterscheiden und daher ausserhalb des Bereichs dieser Abbildung liegen.

Als ich diesen Fall zuerst beschrieb (Deutsche Klinik 1861, No. 60), hatte ich nur drei derartige Befunde gesehen; dennoch stellte ich schon die Retinitis leucaemica als eine eigene Form von Netzhauterkrankung auf, da ich überzeugt war, dass sie eben so von dem Allgemeinleiden abhängig sei, wie die Retinitis syphilitica und die bei Morbus Brightii vorkommende.

Meiner Ansicht nach gehören idiopathische Retinitis, ja überhaupt idiopathische Netzhauterkrankungen, zu den grössten Seltenheiten. Während nämlich bei der Chorioidea die idiopathischen Erkrankungen unverhältnissmässig häufiger sind, als z. B. die auf Syphilis oder anderen Allgemeinleiden beruhenden, treten die Retinalleiden entweder unter localen Bedingungen zu Chorioideal-Ver-

[illegible] Verletzungen etc. [illegible] oder sie beruhen, wie dies an den einigermassen symmetrisch über einen grösseren Theil der Netzhaut sich erstreckenden fast immer der Fall ist, auf Unregelmässigkeiten in der allgemeinen Circulation des Körpers, Herz- und Nierenerkrankung, Syphilis etc. Darum glaube ich, dass auch in dem vorliegenden Falle gerade die Leucaemie die Ursache der Retinitis gewesen sei. Es spricht hierfür ferner der Umstand, dass das Bild der Retinitis wesentlich von den bisher bekannten Formen abwich. Ich meine nicht nur in Bezug auf die vorher erwähnte Farbe der Gefässe und Extravasate (denn diese hängt ja ausschliesslich von der Farbe des leucaemischen Blutes ab), sondern in Beziehung auf die Farbe, Form und Vertheilung der Trübung, so wie auf die Lage der ganzen afficirten Parthie.

Seit jener Zeit habe ich nun schon noch weitere drei Fälle, im Ganzen also sechs, eine bei der Seltenheit der Leucaemia lienalis immer recht grosse Zahl, gesehen, und im Allgemeinen denselben Befund gehabt, wenn auch durch sehr erhebliche Extravasate und einen verschiedenen Füllungsgrad der Gefässe in einer oder der anderen Weise modificirt.

Erst sieben Jahre, nachdem ich die Retinitis leucaemica als eine besondere Form beschrieben, ist dieselbe endlich von Professor Becker in Heidelberg (siehe die Verhandlungen des Heidelberger Congresses von 1868) vollkommen bestätigt worden. Prof. Becker hat dann später im Archiv von Knapp I. 1. zwei von ihm beobachtete Fälle veröffentlicht.

Während des Druckes dieser Zeilen erscheint in den klinischen Monatsbl. für Augenheilkunde October 1869, eine Mittheilung von Leber, die die Ansicht Becker's, dass die rundlichen weissen Flecken und die die Gefässe begleitenden Streifen von angehäuften weissen Blutkörperchen gebildet seien, anatomisch bestätigt.

Tab. XI.

Veränderungen an der Papilla nervi optici.

Fig. 1, 7, 8, 9, 10. Tiefe glaucomatöse Sehnerven-Excavation.

Die wesentlichsten Kennzeichen dieses Zustandes treten an allen 5 Figuren, wenn auch mit verschiedener Schärfe, hervor: Die eigentliche Nervengrenze, jene feine Linie, mit der sich das Bereich der Nervensubstanz gegen die Scheide absetzt, ist viel härter und ausgeprägter als in der Norm. (Vergl. Taf. I. und II. nebst Text.) Die Scleralgrenze, das heisst: die Kante, welche durch den Uebergang der Sehnervenscheide in die Sclera gebildet wird, und die am normalen Auge sich meistens nur sehr wenig bemerkbar macht, tritt hier überall als ein gelblich-weisser Ring deutlich hervor, der um so breiter ist, je mehr sich die meist unregelmässig pigmentirte Choroidealgrenze von der eigentlichen Nervengrenze entfernen musste.

Die Fläche der Papille selbst zeigt Abweichungen von der normalen Färbung in den verschiedensten Nuancen; ferner einen grossen Abstand zwischen der Dunkelheit des peripherischen und der Helligkeit des centralen Theiles; vor Allem aber die grosse Deutlichkeit der Lamina cribrosa. Das helle Netzwerk der letztern ist mit um so vollkommenerer Schärfe zu erkennen, je tiefer die Excavation, je vollkommener die Nervenmasse verdrängt ist. So sieht man es am schönsten in Fig. 1, und man kann sogar aus der Formveränderung, die sowohl das Netzwerk der Lamina cribrosa, als die darin liegenden graulichen Fleckchen zeigen, noch weitere Schlüsse ziehen. Es ist hier nämlich offenbar die Lamina cribrosa dem Druck nicht in gerader Richtung nach hinten gewichen, sondern hat eine starke Verschiebung nach aussen-unten erhalten. Dem entsprechend ist auch die Austrittsstelle der Gefässe verrückt, und namentlich der oberste der drei auf der Papille bemerkbaren Stämme zu einer starken Biegung genöthigt.

Das Verhalten der Gefässe charakterisirt immer am auffälligsten die glaucomatöse Excavation. Während dieselben nämlich sonst noch eine Strecke gegen den Glaskörper hinziehen, biegen sie hier unmittelbar an ihrer Durchtrittsstelle durch die Lamina cribrosa scharf um, laufen dann fest an den Boden der Sehnervengrube gedrückt, zur Peripherie. Hier erscheinen sie an der Nervengrenze dem Beobachter wie abgeschnitten. Ihre Fortsetzungen tauchen, als ob sie mit ihnen in keinem Zusammenhange ständen, an andern Stellen der Nervengrenze auf und biegen sich hakenförmig über die Scleralgrenze, um zur Ebene der Retina zu gelangen. Die scheinbare Zusammenhanglosigkeit der auf dem Boden der Grube verlaufenden Gefässe und ihrer Fortsetzungen hat ihren Grund nur darin, dass ein Mittelstück zwischen diesen beiden Gefässtheilen dem Beobachter entzogen wird. Bei der glaucomatösen Excavation ist nämlich der Boden der Grube grösser als die Oeffnung. Die an die Seitenwandung angedrückten Gefässe werden daher von dem überragenden Rande bedeckt und kommen erst, wenn sie über diesen herüber biegen, wieder zum Vorschein.

Ob die über den Boden der Grube laufenden Gefässe sich vom Centrum aus nach allen Seiten hin vertheilen, wie in Fig. 7 und 8, oder ob sie alle nach einer Seite hin gedrängt sind, wie in [illegible] und namentlich in Fig. 1 hängt theils von der ursprünglichen Gefässvertheilung, theils von der Richtung ab, in der die Nervenfasern und mit ihnen die Gefässe zuerst dem Drucke auswichen.

Etwas ganz Unregelmässiges erhält bisweilen die Figur durch die enormen Schlängelungen der [illegible]. Die Gefässknäuel, die dadurch entstehen, und von denen Fig. 8 eine Andeutung giebt, sind bisweilen so dicht, dass man sie nur mit der äussersten Aufmerksamkeit von Extravasaten unterscheiden kann.

Die auffälligsten Veränderungen in der Circulation treten erst von der Nervengrenze nach der Peripherie zu deutlich hervor. Die Arterien sind dünn und blass, die Venen enorm dick und geschlängelt. Man sieht dies in gewöhnlicher Weise auf Fig. 6 und 9. Als äusserste Seltenheit dagegen ist der Zustand zu betrachten, den die andauernde Blutstauung in dem Fall von Fig. 1 hervorgebracht hatte; und ich muss bei der Ungewöhnlichkeit dieses Bildes hervorheben, dass bei diesem, wie bei allen übrigen Abbildungen des Atlasses, nicht allein die geringste Schematisirung unterlassen, sondern in dieser Figur zum Beispiel jede einzelne Gefässanschwellung von mir genau nach der Natur copirt ist.

Hört die pathologische Steigerung des intraocularen Drucks auf, so manifestirt sich dies sofort an den Gefässen. In dem Falle z. B., den Fig. 1 darstellt, trat später während der Entwickelung eines sehr grossen vordern Scleral-Staphyloms eine starke Blutung aus den Netzhautgefässen in den Glaskörper ein, und es collabirten sämmtliche Gefässe so stark, dass man nur mit Mühe ihre Spuren verfolgen konnte. Fig. 10 stellt einen solchen Fall im späteren Stadium des Glaucom's dar. Man sieht die früher sehr ausgedehnten Venen äusserst dünn, ein Gefäss in einen weissen blutleeren Strang verwandelt. Das ausgetretene Blut hat sich hier zufällig in der Excavation selbst angesammelt. Die langen dunkeln Streifen ragen von der Papille aus in den Glaskörper hinein.

Nach der Iridectomie erscheinen die Gefässe, und zwar namentlich die Venen, sehr viel dünner, die Papille hat ein natürlicheres Aussehen bekommen und die Excavation ist weniger tief. Fig. 7 und 8 stellen die beiden Augen desselben Individuums dar, und zwar Fig. 8 das nach abgelaufenem Glaucom vollkommen erblindete linke Auge, Fig. 7 das hinreichend früh, mit Erhaltung eines guten Sehvermögens iridectomirte rechte Auge, bei welchem ich durch das Verhalten der Gefässe genau feststellen konnte, dass die Tiefe der Excavation unmittelbar nach der Iridectomie abgenommen hatte.

Fig. 2, 11, 13, 14. Neuritis optici. (Vergl. auch Taf. VIII, Fig. 6.)

Bei Tumoren im Gehirn, Exsudaten und Exostosen an der Basis cranii und in der Orbita, oder bei Geschwülsten in letzterer entsteht an der Eintrittsstelle des Sehnerven, mit bedeutender Stauung der Netzhautcirculation, seröse Durchtränkung, Neubildung bindegewebiger Elemente und feiner Gefässe. Es markirt sich das ophthalmoscopisch in folgender Weise: die ganze Papille ist röthlich-grau trübe, ihre Ränder sehr unbestimmt und peripherischer gelegen, als die gewöhnlichen Grenzen des Sehnerven. Die letzteren sind ebenso wie alle sonstigen, im normalen Sehnerven vorhandenen Zeichnungen und Schattirungen, durch die Trübung des vordersten Theils der Papille vollkommen verdeckt. Auch die Gefässe können nicht wie sonst bis in die Gegend der Lamina cribrosa hinein verfolgt werden, sondern erscheinen, wenn man sie von der Peripherie aus beobachtet, schon etwas verschleiert, sobald sie die Papille erreichen, schimmern dann nur noch matt durch und verschwinden der Beobachtung vollständig, sowie sie sich gerade nach der Tiefe wenden. Die sie verhüllende Substanz erscheint bei stärkerer Vergrösserung zusammengesetzt aus radiär gestellten, sich unter einander verdeckenden Streifen, den stärker hervortretenden Nervenfaserbündeln, zwischen denen sich das neugebildete Bindegewebe durch feine Striche und Pünktchen hie und da deutlich markirt, besonders wo es die Adventitia der Gefässe verstärkt. Zwischen den Streifen schlängeln sich die zahlreichen, äusserst feinen neugebildeten Gefässe hindurch, die oft nur den Eindruck einer feinen rothen Punktirung machen. Man beobachtet sie am besten im aufrechten Bilde; es ist dies durch die sehr bedeutende Prominenz der geschwellten Papille erleichtert, da man ihre Oberfläche selbst bei äusserst myopischen Augen ohne Concavgläser, bei emmetropischen sogar mit schwachen Convexgläsern, im aufrechten Bilde beobachten kann. Ueber die Form der prominenten Papille bekommt man aber im umgekehrten Bilde eine bessere Uebersicht, wenn man die Verschiebungen beobachtet, welche die verschieden stark prominirenden Theile unter einander bei Bewegungen des Glases erleiden.

Wie schon oben bemerkt, sieht man an den Gefässen die Zeichen der Stauung in der Circulation: die Arterien erscheinen sehr dünn und blass, die Venen enorm ausgedehnt und geschlängelt. Am Rande der Papille sieht man sie gewöhnlich in die getrübte Nervenfasermasse hineinsinken, um dann zur Höhe der Papille hinauf zu biegen, ehe sie im centralen Theil verschwinden.

Extravasate von verschiedenster Ausdehnung, meist streifig, und wie in Taf. VIII., Fig. 6, gelagert, begleiten nicht selten die Gefässe. Für die Diagnose einer ganzen Reihe von extraocularen Krankheiten würde es von grosser Wichtigkeit sein, drei verschiedene Formen von Neuritis optici scharf von einander trennen und mit Sicherheit unterscheiden zu können: 1) die durch Erhöhung des intracraniellen Drucks und Stauung in der Retinalcirculation sich entwickelnde (Graefe's Stauungs-Papille); 2) die sich längs des Sehnervenstammes bis zur Papille fortpflanzende (Neuritis descendens); 3) die primär in der Papille sich entwickelnde Entzündung (Neuritis intraocularis).

Der Grad der Schwellung und Prominenz der Papille, die mehr oder weniger deutliche Streifung auf derselben, die Schärfe der Begrenzung, die Stauung in den grösseren Venen, der Reichthum an feinsten und neugebildeten Gefässen und Extravasaten bilden zwar in ihren verschiedenen Graden und Combinationen Anhaltepunkte für die Aufstellung einer differentiellen Diagnose, leider giebt es aber so vollkommene Uebergänge, dass nur in einem kleinen Theil der Fälle eine sichere Einreihung unter die verschiedenen Formen möglich ist. Fig. 2 und 11 Taf. XI. und Fig. 6 Taf. VIII. stellen drei hinreichend gesonderte und charakteristische Fälle dar.

Fig. 2 Taf. XI. von einem an chronischer Meningitis leidenden, vollkommen erblindeten Kinde entnommen, ist durch die stärkste Schwellung und Prominenz, diffuse Durchtränkung und Vergrösserung der Papille, sowie durch die enorme Ausdehnung und Schlängelung der Gefässe als Stauungspapille gekennzeichnet. Fig. 11 dagegen stellt eine Neuritis descendens in einem Falle von Orbital-Tumor dar. Obgleich auch hier die Grenze des Sehnerven einen viel grösseren Kreis bildet, weil die getrübte Nervensubstanz die im normalen Auge als Grenze der Papille auftretenden Linien verdeckt, so ist doch diese Vergrösserung lange nicht so bedeutend wie in Fig. 2 und bildet auch namentlich eine viel geringere Prominenz. Die Trübung ist nicht diffus, sondern aus radiären, den Nervenfaserbündeln entsprechenden Streifen zusammengesetzt und die Venen lange nicht so stark gefüllt und geschlängelt. Von diesen beiden Fällen unterscheidet sich nun der auf Taf. VIII. Fig. 6 dargestellte Fall von Neuroretinitis intraocularis, ausser der durch den directen Vergleich der Abbildung besser als aus der Beschreibung hervorgehenden Verschiedenheit in dem Aussehen der Papille ganz besonders dadurch, dass hier sich die Affection nicht auf die Papille selbst beschränkt, sondern sich auf die Retina ausdehnt. Doch lässt sich nicht läugnen, dass ganz ähnliche und sich eben so weit über die Retina verbreitende Veränderungen wie bei diesem Fall von Morbus Brightii auch bei cerebralen Affectionen und speciell bei Tumor cerebri vorkommen können; und man hüte sich deshalb davor, aus den ophthalmoscopischen Befunden bei Neuritis optici zu eingehende und zu apodictische Schlussfolgerungen zu ziehen.

Complicirt und erschwert wird die Beurtheilung der Befunde noch durch die allmählichen Veränderungen, die der Sehnerv bei seinem Uebergang aus dem entzündlichen in das atrophische Stadium macht. Fig. 13 und 14 dieser Taf. stellen die beiden Augen eines an Tumor cerebri mit

Kopfschmerz, Schwindel, Taumeln nach einer Seite herüber, Gedächtnissschwäche, überhaupt Herabsetzung der Geistesfunctionen, Schwäche in den unteren Extremitäten etc.), beiderseits Indifferenz dar. Die Trübung des Opticus ist auf beiden Seiten schon in der Rückbildung begriffen, und ist namentlich in Fig. 14 die beginnende Atrophie deutlich ausgesprochen. In dieser Figur ist der Vergleich zwischen der getrübten prominenten und der atrophischen, flach excavirten Hälfte besonders instructiv, und man ergänzt sich z. B. leicht das Bild zu dem einer Neuritis, wenn man die rechte, zu dem einer Atrophie des Sehnerven, wenn man die linke Hälfte des Opticus zudeckt.

Ist die Atrophie vollständig, dann kann natürlich von einer Unterscheidung der verschiedenen Formen von Neuritis, aus denen sie hervorgegangen, nicht die Rede sein; und es handelt sich dann nur darum, überhaupt zu erkennen, dass der Atrophie eine Neuritis vorangegangen, sie also von anderen Atrophien zu unterscheiden: dazu liefert uns allerdings wie aus dem Folgenden zu ersehen der ophthalmoscopische Befund fast immer hinreichend scharf hervortretende Kennzeichen.

Fig. 3, 4, 5, 6 und 12. Atrophie des Sehnerven.

Atrophische Zustände bemerkt man an der Eintrittsstelle des Sehnerven als Folge sehr verschiedener Grundleiden: Nach Netzhauterkrankungen und zwar nach Ablauf von Retinitis haemorrhagica, albuminurica, syphilitica, pigmentosa und von Embolie der Arteria centralis retinae, nach Neuritis optici, nach Glaucom, nach bisher wenig bekannten Erkrankungen des Sehnerven oder seiner Scheiden (Graefe, Leber), endlich nach verschiedenen Gehirn- und Rückenmarksleiden.

Je nach der Natur des, der Atrophie vorangegangenen Leidens, ist das ophthalmoscopische Bild ein sehr verschiedenes, wie aus einem Vergleich der oben angeführten Figuren von Taf. IX. mit Fig. 2 Taf. IV., Fig. 1 Taf. VI., Fig. 5 Taf. VIII. am deutlichsten hervorgeht.

Fig. 3 Atrophie des Sehnerven nach abgelaufener Retinitis syphilitica (linkes Auge, umgekehrtes Bild, 15fache Vergrösserung). Die gleichmässig bläulich-graue Färbung, die weiche Contour, das gänzliche Fehlen einer die Lamina cribrosa andeutenden Zeichnung oder Schattirung hängen ab von der Bildung einer, dem Nervenfaserverlauf entsprechend gerichteten streifigen bindegewebigen Masse, die in der Abbildung durch die feinsten grauen Streifen genau wiedergegeben ist. Bei der Untersuchung im aufrechten Bilde erkennt man sehr leicht, dass diese Substanz in der oberflächlichsten Parthie der Papille gelegen ist oder vielmehr sich bis zu ihrer Oberfläche ausdehnt, daher sowohl die gewöhnlichen Grenzen, Chorioideal-, Scleral- und Nervengrenze der Papille, als auch namentlich die Lamina cribrosa verhüllt. Wenn man die Sehnervenscheibe stärker beleuchtet, so bekommt sie durch das aus der Tiefe her von der Lamina cribrosa reflectirte Licht ein etwas gelblicheres Ansehen; je schwächer dagegen die Beleuchtung, um so mehr kommt diese Streifung und ihre bläulich-graue Färbung zur Geltung.

Fig. 4. Partielle Atrophie und flache Excavation des Sehnerven, wahrscheinlich durch ein retrobulbäres Sehnervenleiden veranlasst. Fall von starker Herabsetzung der centralen Sehschärfe und Defect eines nach innen-oben gelegenen Theiles des Gesichtsfeldes ohne irgend welche Symptome von Cerebral- oder einem sonstigen Allgemein-Leiden. Während der gelb-röthliche, nach links gelegene Theil der Papille, in welchem der grösste Theil der Gefässe gelagert, den normal gebliebenen Theil der Papille darstellt, ist in der nach rechts (aussen) gelegenen, viel ausgedehnteren Parthie, durch Schwund der Sehnervenfasern, die Oberfläche excavirt und die Lamina sowie die Grenzen des Sehnerven mit äusserster Schärfe sichtbar geworden. Hierdurch unterscheidet sich diese Atrophie sehr auffallend von der nach Retinitis oder nach Neuritis zurückgebliebenen (Fig. 3 und Fig. 12 dieser Tafel). Andrerseits unterscheidet sich diese flache, blos durch Schwund der Nervenfasern gebildete Excavation von der durch Drucksteigerung hervorgebrachten glaucomatösen dadurch, dass die Lamina cribrosa in ihrer normalen Lage geblieben, während sie bei Drucksteigerung verschoben und ausgebuchtet-

sich nach [illegible] und Fig. 9) [illegible] gen im Verlauf der Gefässe begleiten.

Fig. 5. Atrophische, flach excavirte Papille bei einem 40jährigen, an Tabes dorsalis leidenden, deutlich amaurotischen Mann. Die bläulich-graue Färbung bei scharfem Hervortreten der Lamina cribrosa und der Nervengrenzen, und die Füllung der Gefässe, namentlich der Venen, welche, wenn auch dünner als im normalen Auge, bedeutend stärker sind, als in anderen Fällen von Atrophie, scheinen mir, wenn auch nicht unbedingt charakteristisch für Spinalamaurose, bei solcher doch vorzugsweise vorzukommen. Um sich über den Füllungsgrad der Gefässe bei Vergleich der Figuren 3, 4, 5 u. 6 nicht zu täuschen, lasse man nicht ausser Acht, dass Fig. 3 und 4 bei 15facher, Fig. 5 dagegen nur bei 10facher Vergrösserung aufgenommen ist.

Fig. 6. Atrophie und flache Excavation des Sehnerven bei einem 19jährigen Mädchen, nach abgelaufener Meningitis allmählig mit dem Eintritt hochgradiger Amblyopie entstanden.

Die stark reflectirende kalkweisse Papille mit ihren scharfen Contouren, den äusserst dünnen, zum Theil von weissen Linien begleiteten Gefässen, entspricht dem bei weitem häufigsten Befund bei Cerebral-Amaurosen.

Fig. 12. Atrophie nach Neuritis optici in einem Falle von Orbitaltumor. Die danebenstehende Fig. 11 stellt dasselbe Auge 2 Jahre früher während des entzündlichen Stadiums dar. Beide Figuren sind bei derselben Vergrösserung gezeichnet. Ihre Vergleichung zeigt daher: erstens, um wie weit die helle Scheibe des entzündlich geschwollenen Sehnerven ihr eigentliches Bereich durch Verdeckung der gewöhnlichen Grenzen überragt; zweitens, wie die Venen in dem atrophischen Stadium nicht nur ihre stärkere Füllung verloren, sondern auch zum Theil ihren Verlauf durch Veränderung der Schlängelung geändert haben.

Es schliesst sich diese Figur am meisten der in Fig. 3 dargestellten (Atrophie nach Retinitis syphilitica) an und unterscheidet sich um so schärfer von den andern Fällen von Atrophie (Fig. 4, 5, 6) durch die weiche unbestimmte Contour, die bläulich-graue, trübe Färbung, namentlich aber durch die vollkommene Verhüllung der Lamina cribrosa. Dieses letztere Zeichen scheint mir für die differentielle Diagnose der verschiedenen Formen von Atrophie von ganz besonderer Wichtigkeit, und ich hebe dies um so mehr hervor, als man bisher die Aufmerksamkeit noch nicht hierauf gelenkt hat.

Tab. XII.

Angeborene Anomalien.

Fig. 1 und 2. Dunkel contourirte Nervenfasern.

Der Opticus ist bekanntlich bis zur Lamina cribrosa hin undurchsichtig, von da ab erhält sein vorderes Ende denjenigen Grad von Durchsichtigkeit, der uns in den Stand setzt, bei der ophthalmoskopischen Untersuchung Andeutungen von der Lamina cribrosa zu erkennen, und die Gefässe bis nahe an sie heran zu verfolgen. An der Undurchsichtigkeit haben zwar die bindegewebigen Elemente einen gewissen Antheil; hauptsächlich aber ist dieselbe bedingt durch das Verhalten der Nervenfasern, die erst in der Gegend der Lamina cribrosa ihre dunkeln Contouren verlieren. Bei einigen Thieren, z. B. Kaninchen, behält regelmässig eine Parthie von Nervenfaserbündeln die dunkeln Contouren noch eine Strecke weiter. Es entstehen dadurch, dass diese dunkeln Fasern das Licht sehr viel stärker reflectiren, die glänzend weissen Büschel, die bei diesen Thieren vom Opticus nach beiden Seiten ausgehen, und die feinen Strahlen, die ihn rings umsäumen. Ausnahmsweise kommt nun auch beim Menschen angeboren ein ähnliches Verhältniss vor, und es ist um so wichtiger, dies genau zu kennen, als es einerseits nicht gar so selten ist, und es andrerseits selbst geübte Diagnostiker durch das Auffallende der Erscheinung leicht zur irrthümlichen Annahme eines pathologischen Zustandes verleiten kann, wofür mehrere Abbildungen und Beschreibungen einen Beleg liefern. Ich habe daher diesem Gegenstande auf den Tafeln einen verhältnissmässig grossen Raum gewidmet.

Je nachdem die dunkle Contourirung sich auf eine grössere oder geringere Quantität von Nervenfasern, über eine längere oder kürzere Strecke ihres Verlaufs hin ausdehnt, und je nachdem sie sich entweder unmittelbar an den undurchsichtigen Theil des Sehnerven anschliesst, oder von ihm durch mehr oder weniger lange hellgebliebene Strecken der Nervenfasern getrennt ist, bietet der Augengrund sehr verschiedene Bilder dar. Gemeinschaftlich ist allen diesen: erstens die grosse Helligkeit und der Glanz, mit dem die weisse Figur sich vor allem sonst zu Beobachtenden auszeichnet; ferner die äusserste Schärfe der namentlich an den Rändern hervortretenden einzelnen Nervenfaserbündel; die Prominenz der dickern Netzhautstellen, an denen eine solche Parthie von Nervenfasern über einander liegt; endlich das vollkommene oder theilweise Verschwinden der Netzhautgefässe während ihres Durchtritts durch den opaken Theil. Die Form dieses Theiles ist sehr verschieden; häufig, so wie in Fig. 2, wo die peripherische Contour in die charakteristischen flammenförmigen Spitzen ausläuft. Die dem Opticus zugekehrte Grenze ist bald von letzterem sowie in der Figur, oder noch etwas weiter entfernt, bald ragt sie in den Opticus hinein, und verdeckt dann den entsprechenden Theil seiner Grenze vollständig. In andren Fällen bildet diese Parthie einen scharf contourirten, bohnenförmigen weissen Fleck, und es ist dann die Diagnose freilich bedeutend schwieriger.

Ausser dem grösseren Fleck kommen nicht selten noch einige kleine Büschel oder einzelne Strahlen an den andren Seiten des Opticus vor. In Fig. 2 findet man auch davon eine Andeutung; zu den äussersten Seltenheiten aber gehört es, dass sich weiter nach der Peripherie zu noch einmal eine Stelle mit dunkel contourirten Nervenfasern findet, deren opaker Theil also von dem Nervenstamme durch eine lange durchsichtige Strecke getrennt ist. Man sieht dies Verhältniss in Fig. 1 (in der rechten obern Ecke). Die Anomalie ist in diesem Falle freilich in einem so hohen und so äusserst seltenen Grade entwickelt, dass ich es nicht für zweckmässig gefunden hätte, gerade ein so ungewöhnliches Bild zu geben, wenn nicht eben in demselben alle verschiedenen bei dieser Anomalie zu beobachtenden Details mit ganz besonderer Deutlichkeit hervorgetreten wären.

Fig. 3. Pigmentirter Opticus bei sogenannter Cyanosis bulbi.

Ich habe nur 5 Fälle von Cyanosis bulbi gesehen; im Wesentlichen boten alle dasselbe Bild. Es zeigte sich dies bei allen Fällen nur an dem einen Auge, welches sich von dem andern durch die viel dunklere Farbe der Iris und die grauen, ins Violette spielenden Flecken der Sclera unterschied. Nur in einem von diesen 5 Fällen fand ich die Papille des Opticus selbst stark pigmentirt und habe sie in Fig. 3 abgebildet:

Herr S., 21 Jahre alt, hat dunkelblonde lockige Haare, mässig helle Augenbrauen und Wimpern (an beiden Augen gleich), die Iris des linken Auges hellbraun, die des rechten so tief dunkelbraun, beinahe schwarz, dass man nur bei ganz naher genauer Betrachtung die Pupille abgrenzen kann. Rund um die Hornhaut, in einiger Entfernung von ihrem Rande, ist die Sclera von Gruppen dunkelgrauer, ins Violette fallender Flecke durchsetzt.

Bei der Beobachtung mit dem Augenspiegel leuchtet die Pupille nur ganz schwach und erscheint dann dunkelroth; beim Blick geradeaus verschwindet das Leuchten fast vollständig, und bekommt beim Blick nach innen, während man in der Richtung auf den Sehnerven hineinsieht, nur eine schwache weissliche Beimischung. Untersucht man im umgekehrten Bilde, so erscheint der Grund im Allgemeinen dunkel braunroth; bei starker Vergrösserung zeigt sich die vom Epithel der Chorioidea abhängige feine Körnung von grau-braunen Pünktchen auf dunkelrothem Grunde gebildet. Von den Chorioidealgefässen sieht man nur an wenigen einzelnen Stellen etwas durchschimmern; in einem der andern Fälle, wo die Pigmentirung des Epithels noch stärker, sah man von ihnen nirgends eine Spur.

Auf diesem dunkeln Hintergrunde erscheinen nun auch die Netzhautgefässe viel dunkler als sonst, und der Reflex ihrer Vorderfläche viel schwächer. Dagegen markirt sich die Substanz der Netzhaut ganz besonders deutlich durch den leichten, bläulich-grauen Hauch und Fettglanz, der bei den Bewegungen des Spiegels auf dem Grunde hin und her spielt und die Macula lutea umkreist. Diese erscheint fast vollkommen schwarz, ihr Centrum umgeben von einem dunkel rothbraunen Hof; letzterer rührt von der gelben Färbung der Netzhaut her, die sonst bei einem hellern Grunde diese Stelle tiefer roth erscheinen lässt. Die Papille erscheint im Allgemeinen röthlich, nur nach aussen hin scharf contourirt, die Gefässe treten ziemlich central aus und sind an ihrer Austrittsstelle eingehüllt von dichten büschelförmigen schwarzen Streifen, die ungefähr das centrale Drittheil der Papille bedecken, gerade denjenigen Theil also schwarz erscheinen lassen, der im normalen Auge die grösste Helligkeit zeigt. Auch an der Peripherie, dicht innerhalb der Contour, zeigt sich noch ein wenig Pigment. Es scheint dies aber mehr in der Tiefe an der Lamina cribrosa zu liegen, während die centralen Pigment-Büschel deutlicher bis gegen die Oberfläche der Papille hin die Nervenfaserbündel durchsetzen.

Beiläufig bemerke ich noch: dass das Auge myopisch, aber scharfsichtig, und, da das andere Auge schwachsichtig ist, ausschliesslich zum Sehact benutzt wird.

Fig. 4 und 5. Coloboma chorioideae et vaginae nervi optici

Fast in allen Fällen von Coloboma iridis et chorioideae, die ich untersuchte, zeigte sich, wenn auch in verschiedener Ausdehnung, derselbe ophthalmoscopische Befund. Ein ovaler weisser Fleck, der mit seinem obern Ende gegen den Sehnerven gerichtet war, oder diesen mit einschloss, nach unten zu sich mehr oder weniger den Ciliarfortsätzen näherte. Ueber diesen Fleck hinweg zogen einzelne Netzhaut- und sehr dünne, ganz ungewöhnlich verlaufende Chorioidealgefässe, die sich seitwärts in den grösstentheils sehr stark pigmentirten Chorioidealrand hineinsenkten. Der Sehnerv, wenn ihn das Colobom nur oben mit einschloss, nach oben scharf begrenzt, setzte sich nach den übrigen Seiten hin durch seine etwas mehr röthliche oder grauliche Färbung von der bläulich-weissen Sclera nur unbestimmt ab. Seine Form, elliptisch mit horizontal gestellter Längsachse.

Die Verzweigung der Gefässe auf der Papille ist von der Norm sehr abweichend, besonders dadurch, dass sich bei Weitem der grösste Theil der Aeste nach seinem Austritt bogenförmig nach oben wendete, während nur einzelne, sehr dünne Zweige nach unten zogen.

Fig. 5 ist von einem Mädchen entnommen, welches auf beiden Augen an Coloboma iridis leidet. Das rechte Auge kann, indem, nach Reclination der Linse, Nachstaar und Netzhautablösung entstanden war, nur wenig ophthalmoscopisch untersucht werden. In dem linken Auge dagegen kann man bei der erweiterten, schon durch das Coloboma iridis sehr grossen Pupille, besonders nach unten hin, den Augengrund bis zu den Ciliarfortsätzen beobachten und so das grosse Coloboma chorioideae seiner ganzen Ausdehnung nach übersehen. Nach der Grenze desselben hin nimmt der übrigens gewöhnlich pigmentirte Grund plötzlich an Dunkelheit schnell zu und endet mit einem dunkelbraunen, stellenweise fast schwarzen, scharf abgeschnittenen Rande gegen die hellweisse Figur. Im ganzen Bereich der Figur ist die Sclera stark nach hinten ausgewichen. Die Grenze, mit der diese Ausbuchtung beginnt, ist zum grössern Theil von dem dunklern Chorioidealsaum bedeckt, nur nach unten (in der Abbildung also, welche im umgekehrten Bilde entworfen ist, nach oben), wo die Figur in eine eigenthümliche Spitze ausläuft, an deren beiden Seiten tief schwarzes Pigment angehäuft ist, bleibt noch eine Zone normal gelagerter Sclera zwischen dem Chorioidealsaum und der Grenze der Ausbuchtung stehen. Jene Spitze geht offenbar in die Raphe über, welche vom Chorioideal- zum Irisscolobom zieht und zu deren Seiten sich einzelne verkümmerte Ciliarfortsätze etwas gedrückt anlagern, wie dies von Arlt anatomisch so genau beschrieben. An der untern Grenze der Ectasie sieht man sehr deutlich die Kante der Sclera, über die sich alle Gefässe biegen müssen, um zur Ausbuchtung hinabzusteigen. Es bildet diese Kante den grossen hellen Bogen oben in der Zeichnung. Unter demselben ist die in normaler Ebene gelegene Sclera noch mit Resten von schwach pigmentirtem Chorioideal-Gewebe bedeckt, während über ihm die ausgebuchtete Parthie glänzend hell, die bläulichen marmorartigen Windungen und Schattirungen zeigt, die dem ophthalmoscopischen Bilde des Scleralgewebes eigenthümlich sind. Von dem grossen Bogen ab nimmt die Ausbuchtung langsam an Tiefe zu, bis ungefähr zur Mitte des ganzen Coloboms. Von da ab bezeichnet ein zweiter, weniger stark markirter Bogen, der mit dem ersten ungefähr concentrisch gelagert ist, die Grenze einer noch tiefer ausgebuchteten Parthie, die, wenn man den Bulbus von aussen betrachten könnte, wie ein kleinerer, auf den grossen gesetzter Buckel erscheinen müsste. Auch dieser zweite kleine Bogen charakterisirt sich als eine abgerundete Kante, sowohl durch die Schattirung, als durch die Art, wie sich die meisten Gefässe über ihn herüberbiegen müssen. Die Papille ist oval mit horizontal gestellter Längsachse, nur schwer durch ihre mehr graulich-röthliche Färbung von der Sclera zu sondern. Ihre Oberfläche ist nicht, wie sonst normal, senkrecht zur Opticus-Achse gestellt, sondern mit dem gegen das Coloboma gerichteten Rande stark nach hinten zurückgetreten, so dass sie gewissermaassen nur in der Verkürzung gesehen werden kann, und dadurch von oben nach unten noch schmäler erscheint, als sie schon wirklich ist.

Die Art, wie die Netzhautgefässe auf ihr verlaufen, ist für das Colobom durchaus charakteristisch. Sie erscheinen gegen die normalen Gefässfiguren fast wie um 90 Grad gedreht. Von der Papille ab spannt sich die Netzhaut, oder eine, dieselbe im Bereich des Coloboms augenscheinlich nur unvollkommen vertretende Membran, über die kleinere tiefste Etage hinweg, während sie in der ganzen übrigen Ausdehnung des Coloboms dem Boden der Grube anliegt. Man erkennt dies sicher aus dem Verhalten der Netzhautgefässe. Ausser den vorher erwähnten Gefässen treten nämlich noch in einiger Entfernung von der Papille, wunderbarer Weise scheinbar aus der Sclera, in der That aber aus einigen ihren wirklichen Ursprung verdeckenden Netzhautfalten, drei grössere Gefässe, eine Arterie und zwei Venen, hervor. Fasst man diese Gefässe in ihrem ganzen Verlauf auch auf dem Colobom scharf ins Auge, während man mit der Convexlinse kleine Bewegungen macht, so sieht man, dass sie sich im Bereich der kleinern tiefen Ausbuchtung namentlich nach innen hin sehr stark gegen den Grund und die auf demselben verlaufenden Chorioidealgefässe verschieben. Die letztern verlaufen in der Abbildung über den ganzen Fleck von oben nach unten in eigenthümlicher Schlängelung, haben allerdings gar keine Aehnlichkeit mit normalen Chorioidealgefässen. Sie können jedoch bei genauer Untersuchung durch ihr Hervortreten aus der Sclera und ihr Einlaufen in das Chorioidealgewebe, durch ihre dichte Anlagerung an die Sclera und Verschiebung gegen die über sie hinweggespannte Netzhaut bestimmt werden. Diese Membran gewährt durch ihre Verschiebung gegen den Grund, so wie dadurch, dass sie etwas stärker reflectirt und durch einzelne Falten die Gefässe stellenweise verdeckt, einen ähnlichen Anblick, wie bei einer durchsichtigen Netzhautablösung.

Fig. 4 stellt einen Fall von Coloboma vaginae nervi optici dar.

An der Eintrittsstelle des Sehnerven erschien im linken Auge eine helle rundliche Scheibe, von der graulich durchscheinenden Farbe des Sehnerven, und, wie dieser, von dem übrigen Augengrunde scharf abgegrenzt durch jene Linien, die ich als Chorioideal-, Scleral- und eigentliche Nervengrenze der Eintrittsstelle bezeichne.

Aus der Mitte des oberen Drittheils dieser Scheibe traten neben einander ein Netzhaut-Arterien- und Venenstamm hervor, wendeten sich schräge nach oben-innen und sendeten alle Hauptäste nach oben ab, während nur einige dünnere Zweige, zum Theil geschlängelt, nach unten (in der Figur umgekehrt) über die Scheibe verliefen. Diese letzteren wurden hier, wo die Oberfläche von einer durchscheinenden gefalteten Membran gebildet zu sein schien, streckenweise durch Untertauchen in dieselbe verdeckt, bogen, am Rande der Scheibe angelangt, kurz um, und zogen nach einem scharfen Knick hakenförmig gekrümmt über Scleral- und Chorioidealgrenze hinweg. Durch dieses Verhalten der Gefässe wurde ich darauf aufmerksam gemacht, dass die im Allgemeinen zwar plane Oberfläche der Scheibe, doch gegen den übrigen Augengrund etwas vertieft sein musste. Ausserdem aber ergab eine genauere Untersuchung, dass die Oberfläche der die beiden unteren Drittheile bildenden Membran ausgespannt war über zwei länglich runden, stark ausgehöhlten Vertiefungen, die ein schmaler, flacher Streifen von einander trennte.

Die Bedeutung dieses ophthalmoscopischen Befundes wurde mir erst klar, als ich unter einigen Präparaten, welche Prof. Arlt die Freundlichkeit hatte, mir zur Untersuchung zu überlassen, zwei Augen fand, welche mit Coloboma iridis et chorioideae ganz dasselbe Aussehen der Eintrittsstelle des Sehnerven vorhanden. Als ich nämlich einen Schnitt durch den Sehnerven legte, zeigte sich die Scheide desselben unterhalb der Papille, bevor sie in die Sclera überging, zu einer tiefen Tasche erweitert, über deren Oeffnung sich eine vom Sehnerven ausgehende Membran hinüber spannte, während der Rand continuirlich in die nur eben sich an den Sehnerv anschliessende Scleralgrenze überging und so einen Kreis von dem doppelten Durchmesser des Sehnerven bildete. Die Ausbuchtung selbst war keine gleichmässige, sondern hatte zwei tiefere Abtheilungen, die von vorne mit der Loupe betrachtet, ganz dasselbe Aussehen gewährten, wie jene länglichen runden Vertiefungen in der grauen Scheibe des ophthalmoscopischen Bildes.

Von der über die Ausbuchtung gespannten Membran kann ich wegen des Alters des Präparates nichts Näheres angeben. Nur glaube ich, dass dieselbe, wenn auch continuirlich in Sclera und Retina übergehend, doch keine Netzhaut-Elemente enthalten haben wird.

Auch bei allen denjenigen Fällen von ausgedehnten Coloboma choroideae, die ich nur am Lebenden untersucht habe, glaube ich aus der Form der Papille, dem Verhalten der Netzhautgefässe, und andererseits dem Defect des Gesichtsfeldes, der sich bei der Prüfung der Functionen des Auges in diesen Fällen beinahe constant zu ergeben scheint, darauf schliessen zu dürfen, dass die als Fortsetzung der Netzhaut über den Chorioidealspalt hinziehende Membran, wenn überhaupt welche, so gewiss doch nur wenig nervöse Elemente enthält. (Siehe Archiv für Ophthalmologie V. 2. S. 241.)

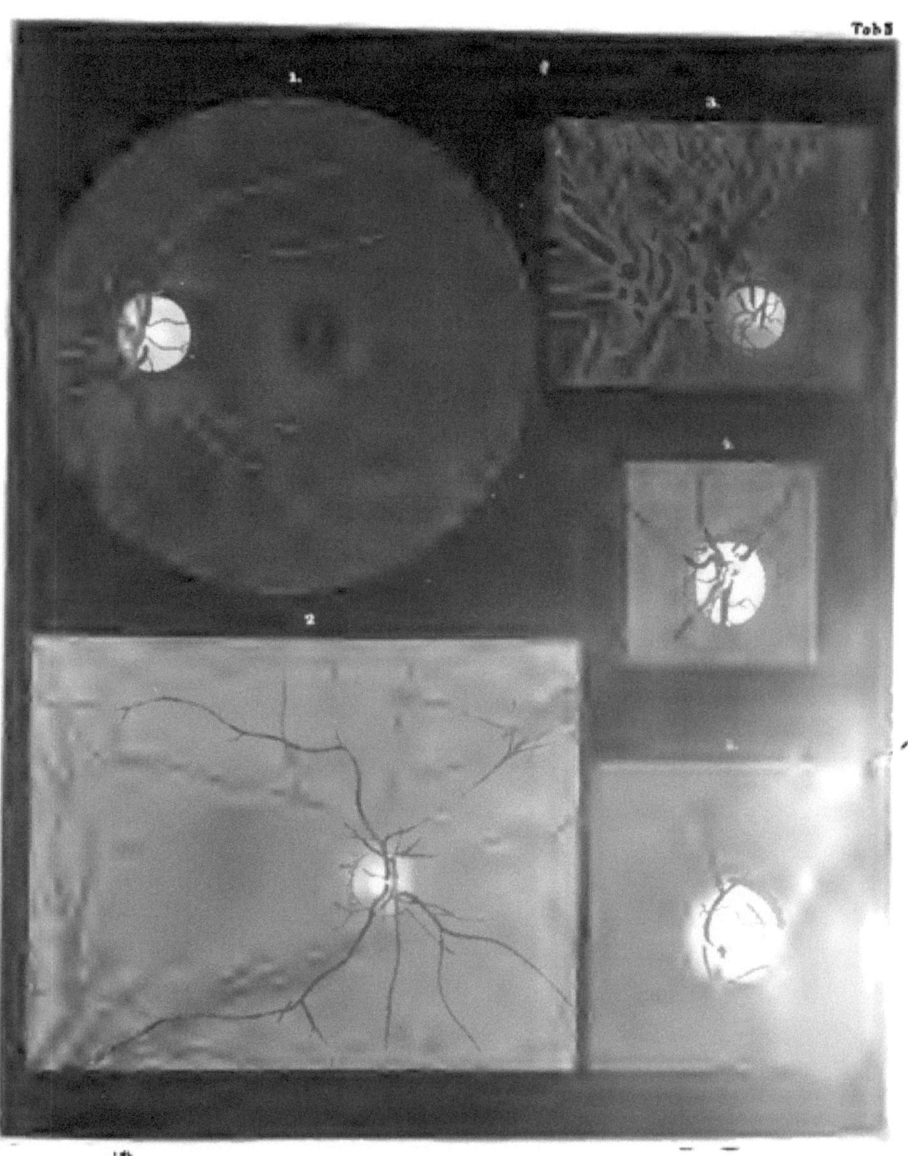
1.
3.
2

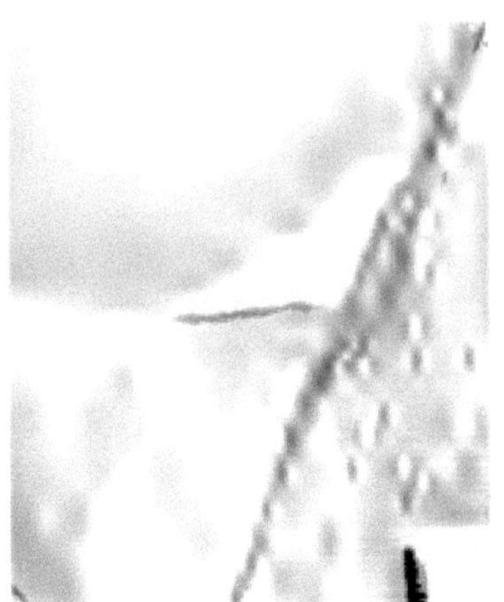

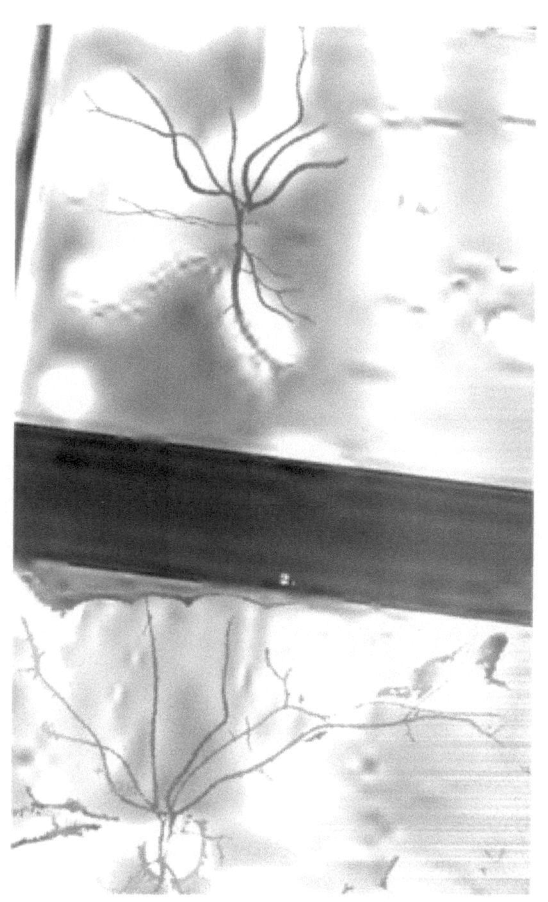

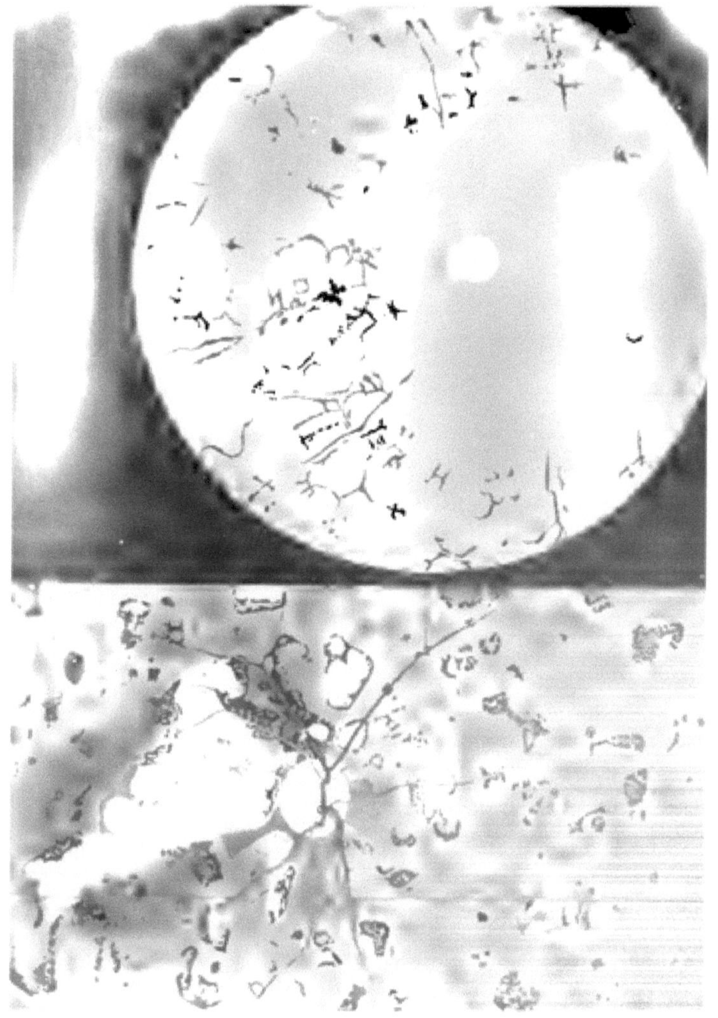

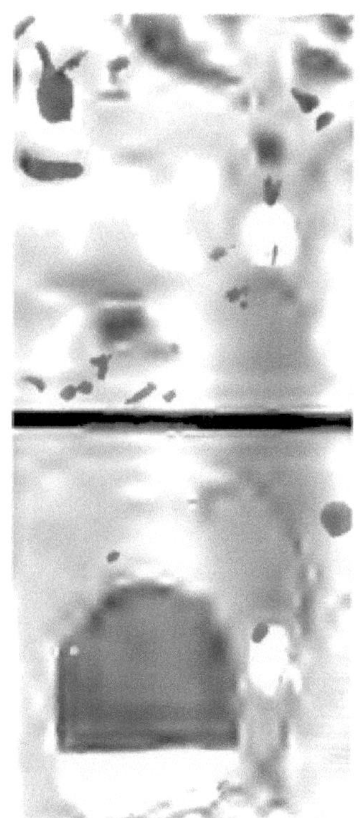

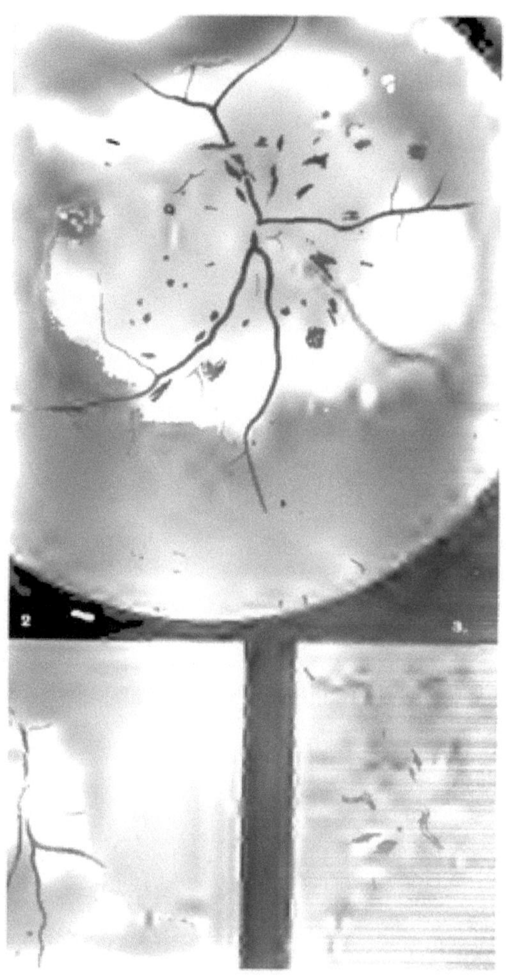

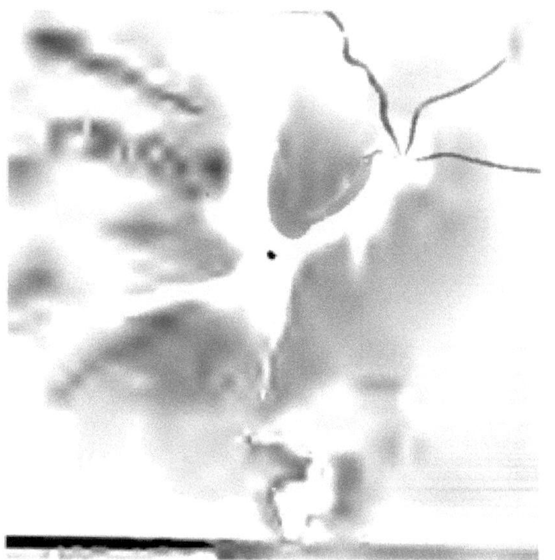

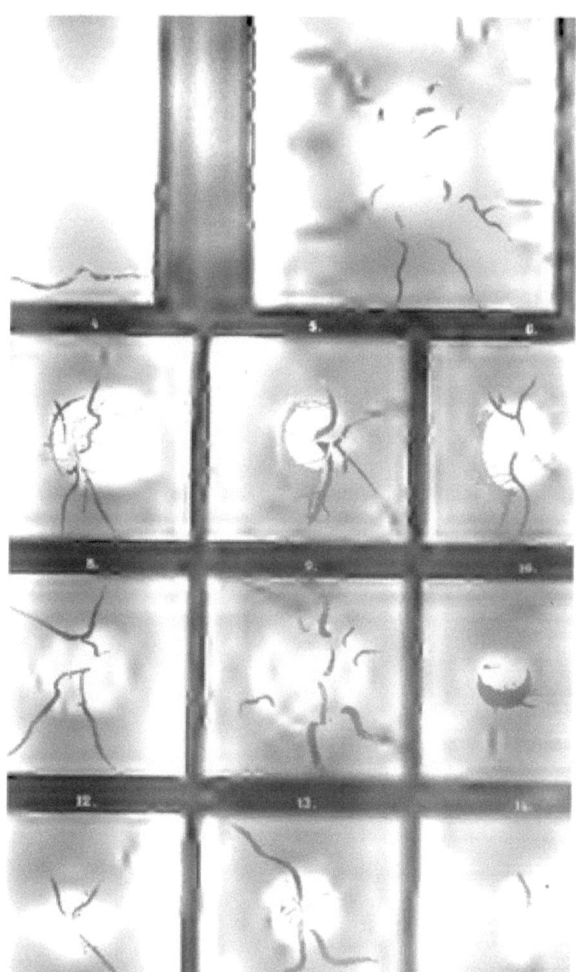

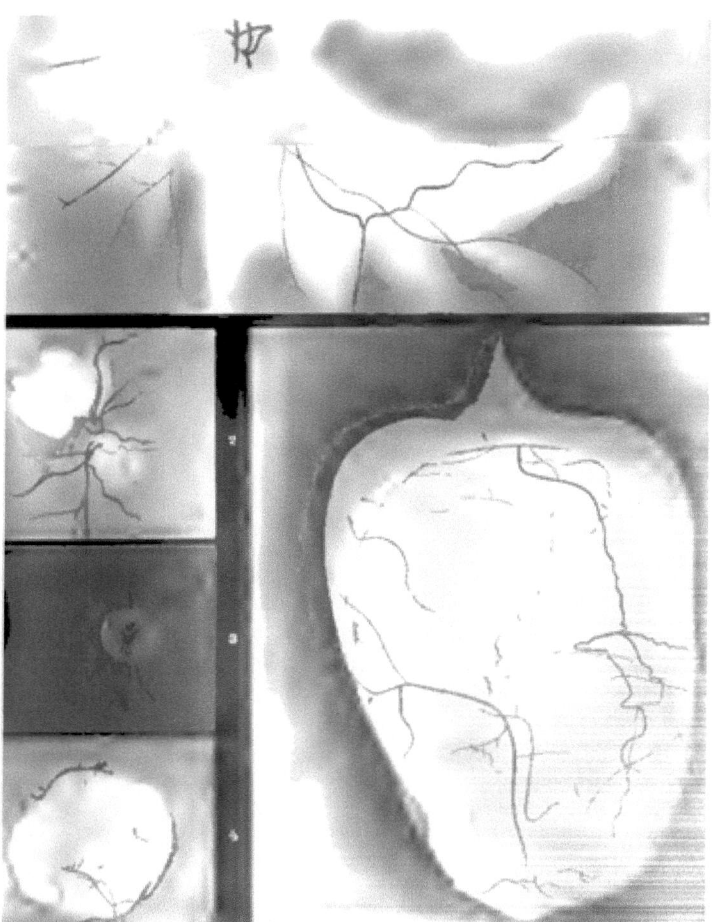